Stéphane LE PINIEC

GÉNOME XXY

Stéphane LE PINIEC

GÉNOME XXY

Homosexualité, transsexualité, ce que c'est et qu'en pense les églises

Éditions Croix du Salut

Imprint

Any brand names and product names mentioned in this book are subject to trademark, brand or patent protection and are trademarks or registered trademarks of their respective holders. The use of brand names, product names, common names, trade names, product descriptions etc. even without a particular marking in this work is in no way to be construed to mean that such names may be regarded as unrestricted in respect of trademark and brand protection legislation and could thus be used by anyone.

Cover image: www.ingimage.com

Publisher:
Éditions Croix du Salut
is a trademark of
Dodo Books Indian Ocean Ltd. and OmniScriptum S.R.L publishing group

120 High Road, East Finchley, London, N2 9ED, United Kingdom
Str. Armeneasca 28/1, office 1, Chisinau MD-2012, Republic of Moldova, Europe
Printed at: see last page
ISBN: 978-620-6-16984-0

Avant-Propos

Les systèmes de genre sont des structures sociales qui établissent les modalités de la diversité de genres, notamment le nombre de genres et les rôles de genre qui sont associés dans chaque contexte social [5],[6],[7],[8],[9].

La binarité de genre est un exemple d'un système de genre qui propose une division du sexe (biologique) et du genre (sociologique) en deux catégories sociales distinctes (les hommes et les femmes) qui co-évoluent et se définissent l'une par rapport à l'autre ; si l'un est fort, l'autre sera faible, si l'un est doux, l'autre sera dur, si l'un est intellectuel, l'autre sera émotif,

« Qu'est-ce que le système de genre ? C'est le système cognitif qui sépare l'humanité en deux groupes totalement distincts, totalement étanches, exclusifs l'un de l'autre et totalement hiérarchisés. » [10]. »

La non-conformité au système de genres de sa culture est la variance de genre.

Binarité de genre

Orientation sexuelle

Dans de nombreuses sociétés, en particulier occidentales, s'est développé au cours du début du siècle le concept d'orientation sexuelle, c'est-à-dire d'une caractéristique identitaire d'une personne, qui définit ses attirances et relations sexuelles, soit comme exclusivement envers les personnes de son genre (homosexualité, lesbianisme…), soit envers celles de l'autre genre (hétérosexualité), soit les deux (bisexualité). Cette vision s'est enrichie de nuances avec la création dans les années 1950 de l'échelle de Kinsey et la fin des années 1970 de la grille d'orientation sexuelle de Klein, toutes deux proposant des orientations intermédiaires entre homosexualité, bisexualité et hétérosexualité.

Cette conception d'une orientation sexuelle identitaire s'associe à des débats quant à son origine : elle pourrait être soit innée, et notamment avoir des origines biologiques, soit, comme le postule la théorie queer, résulter de l'environnement socio-culturel, l'histoire de vie et les choix de la personne.

Depuis le début du siècle se rajoute l'asexualité, pour les personnes n'éprouvant pas d'attirance sexuelle.

Hétérosexisme

L'hétérosexualité, qu'on la considère comme ensemble de pratiques des relations entre hommes et femmes ou comme orientation sexuelle, est une norme sociale. L'existence de cette norme sociale est désignée par les concepts d'hétérosexisme (terme générique), d'hétéronormativité (terme désignant plutôt la manière dont la perception par défaut des personnes est une présomption d'hétérosexualité) et d'hétérosexualité forcée.

Les théories queers et féministes interrogent l'hétérosexualité comme norme sociale, et l'analysent en interaction avec le patriarcat et les violences contre les femmes, créant le concept d'hétéropatriarcat pour désigner cette articulation.

L'hétérosexualité comme norme sociale fait que les comportements homosexuels sont condamnés plus ou moins fortement par les sociétés et que les lesbiennes, hommes gays, personnes bisexuelles et d'autres orientations se retrouvent en position minoritaire et subissent violences et discriminations spécifiques. Les termes non-hétérosexuel, minorités sexuelles et le sigle LGBT et ses variantes désignent

Exceptions temporelles aux rôles binaires

Dans certaines régions de l'Afghanistan et du Pakistan, des filles peuvent être élevées en garçon afin de bénéficier du statut social de ces derniers. Celles-ci, appelées bacha posh, reprennent un rôle féminin au moment de la puberté et/ou de leur mariage.

Identité de genre

L'identité de genre est une conception occidentale datant des années 1950 et 1960. Initialement conceptualisée comme explication de l'homosexualité comme une masculinisation des femmes (ou féminisation des femmes), elle est depuis utilisée pour différencier la cisidentité de la transidentité : femmes cisgenres et transgenres ont ainsi la même identité de genre, la différence étant que les femmes cisgenres sont assignées femmes à la naissance tandis que les femmes transgenres sont assignées homme.

Non-binarité

La non-binarité a plusieurs sens. Le premier et plus ancien, historiquement appelée troisième genre, en particulier en anthropologie, désigne le découpage des rôles sociaux dans une société comme comprenant plus de catégories que seulement « homme » et « femme », mais une ou plusieurs supplémentaires. Ces troisièmes (ou plus) genres sont aussi anciens que les sociétés elles-mêmes.

Le second, datant des années 1970, est issu de l'intersection du féminisme matérialiste et du lesbianisme politique et permet de caractériser la position unique des lesbiennes au sein de l'hétéropatriarcat.

Enfin, la non-binarité peut désigner des genres autres que femmes et hommes dans les sociétés occidentales, genres qui ne sont pas associés à des rôles sociaux particuliers et définis.

Systèmes de genre non-binaires

Dans les années 1990 est conceptualisé la bispiritualité, un terme englobant l'ensemble des genres non-binaires des nations autochtones d'Amérique du Nord. Chaque nation a son propre système à trois ou quatre genres, avec des rôles et noms spécifiques, les troisièmes et quatrièmes genres étant un mélange entre les rôles masculins et féminins ; l'appartenance à un genre relevant de la bispiritualité est vue parfois comme relevant du choix de la personne, soit comme un signe de forte spiritualité.

La culture zapotèque fonctionne avec un troisième genre, les muxhes, proche de celui des femmes ; si être muxhe est vu en culture zapotèque comme innée, des familles sans fille cherchent aussi à ce que leur plus jeune fils passe de garçon à muxhe afin qu'ils s'occupent d'eux dans leur vieillesse.

Le sous-continent indien possède aussi un troisième genre, les hijras, pensé comme absence de genre. Si leur statut social avant la colonisation britannique était assez élevé, époque à laquelle les hijras étaient symbole de fertilité, celui-ci a dramatiquement baissé sous l'influence homophobe du colonisateur au point que les hijras puissent être considérées comme inférieures aux intouchables. De plus en plus d'hijras se considèrent comme des femmes trans, ou avec une expérience similaire à elles.

Les Bugis ont un système à cinq genres : hommes, femmes, gynandrie, androgynie et bissu, ces derniers étant considérés comme transcendant le concept de genre et ayant un statut intermédiaire entre hommes et dieux.

Lesbianisme matérialiste

Monique Wittig publie en 1992 Pensée straight, retranscription d'une conférence qu'elle a donné au Barnard College[11]. Elle y désigne l'hétérosexualité non pas comme une orientation sexuelle, mais comme un régime politique qui crée deux catégories de personnes formant des classes, avec une classe (les hommes) exploitant l'autre (les femmes).

« La femme n'a de sens que dans les systèmes de pensée et les systèmes économiques hétérosexuels. [...] Les lesbiennes ne sont pas des femmes [11]. »

En effet, les lesbiennes, n'ayant pas de relation avec les hommes et ne réalisant pas pour eux de travail domestique, sexuel ou reproductif, ne sont pas exploitées par eux et sont ainsi une troisième classe de genre [12].

Identités non binaires

LGBT

Dans les pays occidentaux, l'orientation sexuelle et l'identité du genre sont généralement classifiées d'une manière simple (hétérosexuels, homosexuels et bisexuels pour l'orientation et transidentitaire ou cisgenre pour le genre). La diversité sexuelle inclut aussi les personnes intersexes, qui sont nées avec des caractéristiques sexuelles qui ne correspondent pas aux définitions typiques de « mâle » et « femelle » [13]. Les lesbiennes, hommes gays, personnes bisexuelles, femmes trans, hommes trans, personnes non-binaires et personnes intersexes sont réunies sous le signe LGBTI. Les personnes asexuelles sont parfois incluses dans la liste [14].

Durant les dernières décennies [Depuis quand ?], des théories en sexologie telles que la théorie de Kinsey et la théorie Queer ont été développées, qui trouvent que la classification mentionnée ci-dessus n'est pas suffisante pour décrire la complexité sexuelle chez l'être humain, voire chez les espèces animales [15]. Par exemple, certaines personnes peuvent avoir une orientation sexuelle intermédiaire entre hétérosexuel et bisexuel (hétéroflexible) [16], ou entre homosexuel et bisexuel (homoflexible) ou bien dont l'identité ne peut pas être définie, comme les personnes queer.

Non hétérosexuel

Le terme non hétérosexuel est utilisé dans les études de genre et féministes ainsi que dans la littérature académique pour aider à différencier les identités sexuelles, avec une compréhension variable des implications de ces identités sexuelles [17], [18], [19], [20]. Le terme est similaire à queer, mais politiquement moins chargé et plus clinique ; être queer se réfère généralement à être non normatif et non hétérosexuel [21], [22], [23], [24], [25]. Certains disent que non hétérosexuel est le seul terme utile pour le maintien de la cohérence dans la recherche, et suggèrent qu'il « met en évidence une lacune dans notre langue autour de l'identité sexuelle » ; par exemple, son utilisation peut permettre l'occultation de la bisexualité [26].

L'expression Non hétérosexuel apparaît principalement dans les environnements de recherche, et peut être utilisée comme un moyen d'éviter des termes jugés politiquement   incorrects comme lesbienne, gouine, gay, bisexuel,   etc. qu'un certain nombre de personnes homosexuelles ou bisexuelles utilisent comme auto-descripteurs [27],[28],[29]. Par exemple, l'échelle de Kinsey peut être divisée entre ceux exclusivement hétérosexuels, et tous les autres[30]. Le terme a pris plus d'ampleur dans le domaine universitaire dans les années 1980 et une place plus importante dans les années 1990 avec de grandes études d'identités de jeunes non-hétérosexuels et un plus petit nombre d'études portant spécifiquement sur les étudiants non hétérosexuels [31].

Parfois, non hétérosexuel est également utilisé pour décrire les personnes transgenres et intersexuées [27], [32], [33]. Cependant, dans ces situations, l'expression « non cisgenre » lui est préférée.

Allosexuel et altersexuel

Depuis les années 2000, les mots allosexuel et altersexuel constituent des tentatives de nommer les personnes non-hétérosexuelles. Le Grand dictionnaire terminologique de l'Office québécois de la langue française avait entériné cet usage [34], proposé par le Regroupement d'entraide de la jeunesse allosexuelle du Québec (le REJAQ) en 2005 [35]. Depuis, puisque les termes allosexuel et altersexuel ne se sont pas implantés, les termes queer et personne queer sont désormais ceux à privilégier et parce qu'ils sont légitimés en français au Québec et ailleurs en francophonie [34].

Le terme « queer » est polysémique. Dans Le Grand dictionnaire terminologique, québécois, définit en 2019 le terme queer comme « Personne qui ne s'identifie à aucune catégorie relative à son orientation sexuelle et à son identité de genre » [34]. « Les termes personne queer et queer sont aussi employés pour désigner les personnes dont l'identité de genre et le genre assigné à la naissance ne concordent pas, ou dont l'orientation sexuelle est autre qu'hétérosexuelle » [34].

Le linguiste québécois Gabriel Martin, en 2017, traite pour sa part l'adjectif queer comme un polysème. Il indique que le sens de base de queer, en français, se définit ainsi : « Qui s'inscrit dans un ensemble de courants de pensée politisés, axés sur l'analyse et la remise en question des construits sociaux traditionnels et normatifs qui ont trait aux questions de genre, de sexe et de sexualité » [36] Ce sens de queer est notamment celui de la théorie queer.

Connais-tu ces 11 exemples d'orientations sexuelles ?

On parle beaucoup dans les médias et sur les réseaux de nouveaux termes utilisés pour décrire des orientations sexuelles particulières. Voici un petit aperçu de l'éventail des possibles !

- Aromantique : Personne qui ne ressent pas ou peu d'attirance sentimentale pour autrui. Ses besoins peuvent être satisfaits de façon platonique (sans relations sexuelles et sans tomber amoureux).

- Asexuel : Personne qui ne ressent pas d'attirance sexuelle pour autrui. L'attirance ressentie peut être intellectuelle ou esthétique mais pas sexuellement (parfois de la tendresse).

- Graysexuel : Personne qui se situe entre l'asexualité et la sexualité. Elle peut aussi se dire en même temps gay, hétéro ou toute autre identité sexuelle. Elle n'éprouve pas d'attirance sexuelle hormis dans de rares circonstances.

- Lithromantique : Personne qui vit une expérience d'un amour romantique mais ne souhaite pas que ses sentiments soient réciproques.

- Pansexuel : Personne qui se sent sexuellement attiré par n'importe quel genre de personnes (homme, femme, trans…). Se différencie des bisexuels par le fait qu'elle n'accorde pas d'importance au sexe biologique et au genre de son partenaire.

- Panromantique : Personne qui est attirée sentimentalement mais pas sexuellement par tout type de personnes, indépendamment de leur sexe ou de leur genre.

- Polyamoureux : Personne capable d'entretenir deux relations amoureuses ou sexuelles suivies (ou plus), d'intensité quasi similaire (soit de vraies histoires d'amour parallèles et assumées, dans le respect de chaque partenaire).

- Queer-platonique : Personne qui a des relations pas vraiment sentimentales mais qui passe par des liens affectifs très forts souvent plus profonds ou intenses que ceux qui définissent traditionnellement l'amitié.

- Sapiosexuel : Personne attirée sexuellement et émotionnellement avant tout par l'intellect d'une personne, par son intelligence, sa vivacité d'esprit.

L'éventail des orientations sexuelles est bien plus large que nous l'imaginions !

« Au commencement », il y avait l'hétérosexualité supposée de tous et toutes, même si la bisexualité et l'homosexualité était largement connues et pratiquées depuis toujours. Puis les médecins (Kraft Ebing, 1886) ont mis un terme sur les personnes qui ont des relations exclusivement entre personnes de même sexe : "homo"… Naquît alors, en regard, le mot "hétéro" qui n'existait pas vraiment.

Depuis, on a précisé le propos, en fonction de l'auto-détermination de chacun/e, des personnes ne se reconnaissant pas forcément dans les cases existantes ou dans le spectre défini par le chercheur américain Alfred Kinsey (d'exclusivement hétéro à exclusivement homo - rapport révolutionnaire en 1948, qui fut un peu plus élargi par le Dr Fritz Klein en 1978).

Et puisqu'au-delà de nos désirs (orientation sexuelle), et indépendamment du genre (masculin, féminin, non-binaire, androgyne) et de l'identité de genre (transgenre, cisgenre ou intersexes), nous sommes aussi des êtres mus par des sentiments (orientations romantiques), d'autres termes ont été créés. Loin de donner des étiquettes, cette terminologie permet d'ouvrir l'éventail des possibilités est un large rainbow, dans lequel chacun/e peut se retrouver, ou s'inventer.

LIRE AUSSI >> Drapeau gay, lesbien, bi, trans, pan, aro… Connaissez-vous tous les « flag » de nos Fiertés ?

L'éventail des orientations sexuelles et inclinaisons amoureuses :

Androsexuel

Personne qui est attirée sexuellement et émotionnellement par la masculinité (que ce soit une femme masculine ou un homme masculin, indépendamment du fait qu'il ou elle soit lesbienne, hétéro, gay).

Androgynosexuel

Personne attirée par les androgynes, les personnes qui possèdent à la fois des traits masculins et féminins (indépendamment de leurs orientations sexuelles).

Aromantique

Certaines personnes ne ressentent pas d'attirance romantique et ne tombent donc pas amoureuxSes au sens traditionnel du terme. C'est un peu le pendant de l'asexualité mais au niveau amoureux. Au contraire, les personnes qui ressentent une attirance romantique quelconque sont dites alloromantiques ou zedromantiques.

Asexuel

Personne qui ne ressent pas d'attraction sexuelle envers autrui selon le site Asexuality.org. Ils peuvent êtres attirés par quelqu'un sur un plan esthétique ou intellectuel mais pas sexuellement (parfois de la tendresse).

Autosexuel

Personne qui est attirée sexuellement et émotionnellement par elle-même.

Demisexuel

Personne qui ne ressent pas d'attirance sexuelle sauf si elle a déjà noué des liens affectifs profonds avec une personne.

Demiromantique

Comme une personne demisexuelle, une personne demiromantique ne ressentent pas d'attirance sentimentale envers autrui sauf si elle a déjà noué des liens affectifs profonds avec une personne.

Gynesexuel

Une personne attirée sexuellement et émotionnellement par la féminité. Le pendant à l'androsexuel, mais du côté féminin. Une personne gynesexuelle pourrait sortir avec une femme cisgenre féminine, une femme trans féminine ou un garçon très efféminé.

Graysexuel

Une personne qui s'identifie comme graysexuel se place dans la zone grise entre l'asexualité et la sexualité, ils peuvent aussi se dire en même temps gay, hétéro ou toute autre identité sexuelle.

Lithromantique ou Akoiromantique

Selon Asexuality.org, ce terme décrit "une personne qui éprouve des sentiments amoureux mais ne souhaite pas que ceux-ci soient réciproques".

Pansexuel (ou omnisexuel)

Désigne une personne qui se sent sexuellement attiré par n'importe quel genre de personne (homme, femme, cis, trans…). Les pans se distinguent des bisexuel-Les car ils/elles incluent davantage les variations de genre "non-binaires" et les personnes trans, par exemple. Ils/Elles ne posent pas la question de l'objet de leur désir en fonction du genre, de l'orientation sexuelle, de l'identité de genre

Panromantique

Une personne qui est attirée sentimentalement – mais pas sexuellement – par tout type de personnes, indépendamment de leur sexe ou de leur genre.

Polymaoureux/polysexuel

Désigne une personne capable d'entretenir deux ou plus relations amoureuses ou sexuelles suivies d'intensité quasi-similaire (de vraies histoires d'amour parallèles).

Queer-platonique

Personnes qui ont des relations « pas vraiment sentimentales » mais qui passent par des liens affectifs très forts souvent plus profonds ou intenses que ceux qui définissent traditionnellement l'amitié.

Sapiosexuel

Se dit d'une personne attirée sexuellement et émotionnellement avant tout par l'intellect d'une personne, par son intelligence, sa vivacité d'esprit. On est à la fois sapiosexuel et hétérosexuel, gay ou bisexuel, indépendamment du genre (masculin, féminin, non-binaire, androgyne) ou de l'identité de genre (trans, cis) …

Skoliosexuel

Selon Genderqueerid.com, la skoliosexualité se réfère à "l'attirance sexuelle envers les individus non-binaires (qui ne se reconnaissent pas dans l'opposition entre les genres féminin et masculin)" ou ceux qui ne se définissent pas en tant que cisgenre.

Et vous, de quelle(s) orientation(s) vous sentez-vous le ou la plus proche ?

LIRE AUSSI >> Six conseils pour ta première fois entre garçons

LIRE AUSSI >> L'anulingus, nouvelle star.

LIRE AUSSI >> Six conseils pour ta première fois entre garçons

Petit lexique des genres, identités et sexualités

Ces dernières années, un tout nouveau vocabulaire entourant le genre, l'identité et l'orientation sexuelle a fait son apparition. Des mots comme « agenre », « non-binaire » et « demisexuel » se font de plus en plus entendre. Si les concepts qu'ils représentent n'ont rien de nouveau, ces néologismes, démocratisés par une jeunesse désireuse de mettre les mots justes sur son expérience, témoignent d'une transformation profonde de notre société.

La pensée dominante a longtemps eu tendance à représenter les humains dans un schéma binaire (femme/homme, homosexualité/hétérosexualité). Pourtant, l'identité et l'expression de genre, le sexe biologique et l'orientation sexuelle existent bel et bien sur un spectre aussi nuancé et diversifié que les êtres humains qui s'y trouvent.

Et ça, les jeunes de la génération Z l'ont compris. Selon une étude dont les résultats ont été publiés en 2016 par The Innovation Group, de l'agence J. Walter Thompson, moins de la moitié de ces jeunes se disent exclusivement hétéros, 56 % connaissent au moins une personne utilisant un pronom neutre et 70 % sont favorables aux toilettes unisexes. Plus ouverts que leurs prédécesseurs, les millénariaux, les représentants de la génération Z grandissent avec de nouvelles valeurs, de nouvelles façons de faire et un nouveau langage, qui sont là pour de bon.

Face à cette génération assumée, qui nous tire à toute vitesse vers un futur libre et prometteur où les conventions fichent le camp, nombreux sont ceux qui ont l'impression d'avoir manqué le train, mais qui n'osent pas poser de questions de peur de se mettre les pieds dans les plats. Histoire de clarifier certains termes et de déconstruire au passage quelques préjugés, on vous a préparé ce petit lexique 2019 des genres, identités et sexualités. On se lance ?

Agenre

La personne agenre ne se reconnaît dans aucune identité de genre ; elle se considère non genrée ou neutre. Sans être interchangeables, les termes agenre et non binaire (certaines personnes emploient également « neutrois » ou « genderqueer ») ont en commun que la personne qui s'y identifie existe à l'extérieur des définitions et des expressions de genre.

Aromantique

Le mot aromantique désigne les individus qui ne ressentent pas d'attirance amoureuse envers les autres. De nombreuses personnes aromantiques, bien qu'elles ne fassent pas l'expérience de l'amour romantique au sens propre, trouvent le bonheur au sein de couples et de relations amicales – platoniques ou sexuelles – avec un, une ou plusieurs partenaires. D'autres préfèrent le célibat.

Asexuel/le

On qualifie d'asexuels les individus ne ressentant pas de désir sexuel pour les autres. Certaines personnes asexuelles peuvent éprouver des sentiments amoureux et apprécier l'intimité physique, les câlins et les démonstrations d'affection, mais n'ont pas d'intérêt pour les contacts sexuels.

Bisexuel/le

Le mot bisexuel est employé pour décrire les gens attirés par les personnes de leur propre genre et celles d'un genre différent. S'il a longtemps signifié et signifie encore pour plusieurs : « attiré à la fois par les hommes et les femmes », il est pertinent de noter que cette définition repose sur le principe qu'il n'existe que deux genres... Par conséquent, de plus en plus de gens bisexuels s'identifient désormais comme pansexuels (voir plus bas).

« Être bisexuel, ce n'est pas être confus. Ça n'a rien de confondant. Pour moi, c'est tout le contraire », disait Kristen Stewart dans une entrevue accordée à The

Guardian en mars 2017.

Cisgenre

On qualifie de cisgenre, ou cis, une personne dont l'identité de genre correspond au sexe qui lui a été assigné à la naissance en se basant sur ses caractéristiques biologiques. Une femme cis, par exemple, est une personne présentant des organes génitaux dits féminins et qui s'identifie au genre féminin.

Cisnormativité

La cisnormativité, selon The Queer Dictionary, est la présomption que tous les individus sont cisgenres jusqu'à indication contraire. « Bien qu'elle soit rarement délibérée […], la cisnormativité contribue à rendre invisible l'expérience des personnes trans et non binaires », peut-on y lire.

Demiromantique, Demisexuel/le

(Voir plus haut : Aromantique, Asexuel/le) Ici, le préfixe « demi » signifie que la personne est majoritairement aromantique ou asexuelle, mais peut ressentir une attirance sexuelle ou romantique dans des contextes précis. Une personne demisexuelle pourrait, par exemple, désirer sexuellement quelqu'un dont elle est très proche ou amoureuse, et une personne demiromantique pourrait utiliser ce terme pour faire référence à une relation spécifique ou à une période de sa vie où elle a éprouvé des sentiments amoureux envers quelqu'un d'autre.

Genderfluid

Ce mot est utilisé par les personnes dont l'identité de genre est changeante. Un individu genderfluid ne s'identifie de façon exclusive ni au genre féminin ni au genre masculin, et son identité peut fluctuer, que ce soit sur le continuum entre ces deux genres ou complètement à l'extérieur.

Hétéronormativité

L'Office québécois de la langue française définit l'hétéronormativité comme un « système de pensée qui est basé sur la présomption que l'hétérosexualité est la norme et qui privilégie les personnes hétérosexuelles au détriment des personnes homosexuelles ». C'est d'ailleurs en partie cette croyance (et sa cousine, la cisnormativité) qui alimente l'illusion qu'il y a plus d'identités de genre et d'orientations sexuelles qu'avant.

« Si les personnes cisgenres et hétéros arrivaient à ne plus se considérer comme la norme ou le modèle par défaut, elles se sentiraient moins menacées et moins incommodées par les nouvelles identités qui, soit dit en passant, ne sont pas nouvelles. Simplement, maintenant, j'ai les mots pour décrire ce que j'ai toujours été. » – Stéphanie*, 39 ans.

Iel

C'est un des pronoms neutres utilisés à la place des pronoms genrés (il, elle). Plusieurs solutions de rechange ont fait leur apparition pour remplacer les pronoms, articles et déterminants masculins et féminins, notamment iel, yel ou ille (issus de il et elle), ul ou ol (au lieu de il ou de elle) celleux (issu de ceux et celles) et toustes (issu de tous et toutes). Elles sont toutefois encore très peu employées par la population en général. Étant donné la binarité intrinsèque de la langue française, il n'existe pas à ce jour d'équivalent français à «they», pronom neutre largement adopté en anglais. Voilà qui est sans doute appelé à changer mais, en attendant, on peut toujours préconiser l'écriture épicène et les choix de mots neutres (utiliser le mot magnifique au lieu de beau ou belle, par exemple), les formulations ne nécessitant pas d'accords genrés et l'emploi du nom de la personne jusqu'à ce que celle-ci nous informe du pronom personnel qu'elle souhaite qu'on utilise pour s'adresser à elle.

Intersexe

Selon l'Organisation des Nations Unies, « les personnes intersexes sont nées avec des caractères sexuels (génitaux, gonadiques ou chromosomiques) qui ne correspondent pas aux définitions binaires types des corps masculins ou féminins. Le terme intersexe s'emploie pour décrire une large gamme de variations naturelles du corps […] apparentes à la naissance ou seulement à la puberté.» On estime que 1,7 % de la population mondiale serait intersexe. L'intersexualité, qui ne concerne que l'aspect biologique, n'a rien à voir avec l'orientation sexuelle ni l'identité de genre.

Mégenrer

Action d'employer intentionnellement ou non le mauvais pronom ou le mauvais genre pour s'adresser à quelqu'un, lui attribuant ce faisant un genre qui n'est pas le sien.

« On me mégenre presque tous les jours, et ça m'épuise. Chaque fois qu'on tient pour acquis que je suis un garçon, on nie qui je suis et on me signifie que je ne suis pas correcte, que je ne suis pas une fille de la "bonne façon". C'est comme un coup dans le ventre chaque fois.» – Léa*, 18 ans

Non-binaire

Cette identité de genre désigne les personnes qui ne s'identifient pas aux genres masculins ou féminins, et qui, par conséquent, existent à l'extérieur des normes binaires.

Pansexuel/le

Ce terme désigne une personne sexuellement ou émotionnellement attirée par une autre personne, peu importe son sexe ou son identité de genre.

« Ça signifie que je peux tomber amoureuse d'une personne, quel que soit son

genre ou la manière dont elle se définit. Je ne vois pas ça comme un obstacle.»
– Héloïse Adélaïde Letissier, chanteuse de Christine and the Queens (BBC, 2016)

Polyamoureux/se

On appelle polyamoureux ou polyamoureuses les adeptes du polyamour. Le polyamour est considéré comme une orientation sexuelle, un mode de vie ou une éthique. Il implique d'entretenir des relations amoureuses avec plusieurs personnes en même temps, et ce, de manière transparente. Bien qu'il soit beaucoup moins répandu que la monogamie, il est pratiqué par des gens de tous genres et de toutes orientations, partout dans le monde, depuis toujours.

Queer

Cette expression, qui était au départ synonyme de « bizarre » ou d'« anormal », en anglais, a été reprise par certains membres de la communauté LGBTQ+, qui l'emploient pour désigner quiconque ne s'identifie pas aux définitions rigides d'orientation sexuelle ou d'identité. Queer est un terme plus fluide englobant toutes les minorités sexuelles et de genre, qui permet de reconnaître leur différence sans devoir la définir ou la baliser.

Transgenre

On dit d'une personne qu'elle est transgenre lorsque le sexe qui lui a été assigné à la naissance ne correspond pas à son identité ou à son ressenti, et ce, quels que soient son orientation sexuelle, son apparence physique ou son choix d'entreprendre ou non un processus de transition.

Transition

La transition désigne le processus durant lequel une personne modifie certains aspects de sa vie intime ou publique afin de mieux refléter son identité de genre. Les étapes de la transition, uniques à chaque personne, impliquent des changements sur les plans social, médical, corporel et légal, pouvant aller du coming out à la modification de l'apparence, en passant par le changement de nom et les chirurgies de confirmation de genre.

*Ces personnes ont décidé de préserver leur anonymat. Les noms utilisés sont donc fictifs.

Quel avenir pour le marketing d'influence ?

Qu'on les appelle influenceurs, instagrammeurs, youtubeurs ou créateurs de contenu, les visages vedettes du marketing d'influence sont maintenant parties prenantes du paysage publicitaire, et ils semblent être là pour rester. Mais entre les #ad qui s'ajoutent et les mentions « J'aime » qui disparaissent, les règles du jeu sont en train de changer. Tour d'horizon d'un milieu qui évolue à la vitesse de l'éclair.

Le marketing d'influence, en soi, n'a rien de nouveau. À l'ère pré-Instagram, ce sont les vedettes de tout acabit – chanteuses, top-modèles, actrices, animatrices – qui orientaient nos achats de vêtements ou de maquillage en s'associant à une grande marque, en vantant le travail d'un designer ou en révélant leurs secrets de beauté. On se rappelle de Marilyn Monroe, influenceuse avant l'heure, qui a fait monter en flèche les ventes du parfum Chanel no 5 en affirmant s'en asperger d'un pschitt tous les soirs !

Depuis l'avènement des réseaux sociaux, le principe de base de cette technique marketing n'a pas réellement changé, mais ceux qu'on identifie comme « influenceurs », oui ! Les Céline Dion ont fait place aux Kylie Jenner et aux Maripier Morin, qui à leur tour ont été remplacées par les Elisabeth Rioux et Lysandre Nadeau. En bref, les influenceurs se sont considérablement rapprochés des consommateurs. On oublie la renommée internationale ! Quelques milliers d'abonnés sur Instagram suffisent aujourd'hui pour attirer l'attention des agences publicitaires. Et pour cause : selon un récent sondage de l'agence de marketing Collective Bias, les consommateurs seraient dix fois plus enclins à acheter un produit suggéré par un influenceur que publicisé par une vedette ! L'« endossement par les pairs» prend donc du gallon, au Québec comme partout ailleurs sur la planète.

Tout « J'aime » a un prix

« Pour une marque, l'avantage de travailler avec des influenceurs, c'est que ceux-ci sont près de leur public, de leur communauté. Les consommateurs en viennent à les considérer comme des amis virtuels et se fient grandement à leur jugement. Lorsqu'une stratégie de marketing d'influence est bien exécutée, conçue autant en fonction des besoins du client que des intérêts du créateur de contenu, les résultats peuvent être vraiment convaincants », explique Franceska Dion, présidente et fondatrice de l'agence montréalaise FDM.

On pourrait aussi ajouter « payants », tant pour la marque que pour l'influenceur choisi pour en faire la promotion ! Mais comme dans toute bonne affaire, certains tentent de tirer leur épingle du jeu de façon peu éthique. Une enquête de La Presse, parue en juin 2019, a eu l'effet d'une bombe dans le petit milieu des influenceurs québécois. Dans cet article, la journaliste Émilie Bilodeau racontait avoir créé de toutes pièces un compte Instagram à son alter ego, une jeune femme passionnée de course à pied, The Pretty Runner, et, en quelques clics peu coûteux, être arrivée à acheter assez d'abonnés et de mentions « J'aime » pour recevoir des demandes de collaboration lucratives de la part d'agences de marketing... et même de la Ville de Montréal ! Le reportage mettait en lumière un problème bien enraciné dans l'industrie : l'influencer fraud, qui, selon une estimation de l'agence de cybersécurité Cheq, ferait mondialement perdre aux compagnies plus d'un milliard de dollars par année ! #ouch

Malgré les règles entourant les collaborations rémunérées apparues au cours des dernières années, dictées au Canada par les Normes de la publicité, et le souci de transparence de plus en plus marqué de plusieurs créateurs de contenu, il est encore assez facile de déjouer la vigilance des marques et des agences, notamment par l'achat d'abonnés ou de mentions « J'aime », mais aussi par d'autres techniques plus créatives. Par exemple, certains utilisateurs ponctueraient leurs publications de fausses mentions de collaboration – du type #pub ou #produitsreçus –, dans l'espoir d'attirer l'attention de véritables agences… et de véritables contrats !

Vendre à des robots

Selon Roberto Cavazos, l'économiste qui a réalisé l'analyse de Cheq, près de 50 % de l'engagement (donc des commentaires et des mentions « J'aime ») sur les publications commanditées serait… complètement faux ! De grandes marques se sont fait avoir. Le géant des produits de beauté L'Occitane, par exemple, aurait fait affaire dans les dernières années avec des influenceurs dont 39% des abonnés étaient… des robots. Pas idéal, comme public cible !

De l'avis de Franceska Dion, cependant, le marché québécois diffère. « C'est un petit milieu, plus facile à gérer… et à observer ! Les gens se connaissent, et un imposteur est vite démasqué. » Selon elle, la solution repose sur l'éducation, celle des marques, des agences, des influenceurs et des consommateurs. « C'est la responsabilité des agences de faire leurs recherches, mais ils doivent aussi faire comprendre aux marques que les chiffres, c'est trompeur, et les diriger vers les créateurs de contenu qui s'arrimeront à leurs objectifs d'affaires, peu importe le nombre d'abonnés. »

Même son de cloche du côté d'Ashley Sivil, directrice de la stratégie numérique de l'agence montréalaise Bicom. Elle ajoute que, selon elle, un retour à l'ordre est en train de s'effectuer. « Il y aura toujours des gens pour abuser du système, mais il y a en contrepartie beaucoup d'influenceurs qui exercent leur métier dans les règles de l'art. Il y a dix ans, le marketing d'influence était plutôt marginal ; c'était une solution de rechange aux médias traditionnels. Aujourd'hui, c'est une véritable ruée vers l'or ; tout le monde s'y lance, avec une compréhension limitée des rouages de l'industrie. Et ça peut mener, bien évidemment, à des dérives. » La professionnelle affirme malgré tout rester optimiste quant à l'avenir de ce type de marketing. « Je sens qu'un équilibre se crée tranquillement, qu'on trouve des façons de faire qui fonctionnent. »

Reste que la triche continue d'être alléchante pour plusieurs. Dans un marché qui grandit à la vitesse grand V, et de façon plutôt anarchique, des chiffres gonflés équivalent souvent à des produits de beauté gratuits, des invitations à des soirées huppées arrosées au champagne – voire à des voyages tout-inclus, que ce soit dans Charlevoix ou à Saint-Tropez – et à des collaborations payantes. « Il commence à y avoir plus d'encadrement, et c'est tant mieux, dit Ashley Sivil. Les professionnels savent aussi mieux dépister les fraudeurs. Après tout, ce sont des faux comptes, des faux likes… mais des vrais billets de banque qui passent d'une main à l'autre ! L'influencer fraud, c'est ni plus ni moins du vol. »

Heureusement, les gros joueurs sont de plus en plus vigilants. Les réseaux sociaux ont récemment déclaré la guerre aux bots et autres faux profils et pénalisent maintenant les achats d'abonnés et d'engagement en désactivant les comptes fautifs, notamment. Et ils ne sont pas les seuls à être méfiants ; les consommateurs aussi commencent à déchanter…

Tout s'est passé très vite, prenant l'Église au dépourvu. Le mouvement pour la reconnaissance des mariages et des unions civiles entre personnes du même sexe a connu un succès extraordinaire. La hiérarchie de l'Église catholique oppose une fin de non-recevoir à toute reconnaissance positive des couples homosexuels, en invoquant une morale sexuelle qu'on dit ancienne et invariable, mais sans proposer aucune alternative pratique valable à cette reconnaissance. On vante la consistance logique de l'enseignement catholique, avec la condamnation de la contraception artificielle comme pivot. Mais une consistance autoréférentielle, coupée de tout contact avec le réel, et qui refuse de voir ce qui n'entre pas dans ses catégories, se rend de plus en plus impuissante.

Ce qu'on ne veut pas voir, c'est que les couples homosexuels existent, sont reconnus et toujours plus appréciés par leurs amis et leurs familles. Cela est vrai du moins de ces démocraties libérales où l'homophobie meurtrière a battu en retraite. Ce sont précisément les pays où la hiérarchie catholique se croit obligée de prendre la parole, en opposant un avertissement qu'elle voit comme « prophétique » et « contre-culturel » à cet accueil croissant. Dans le jeu de forces actuel, cela signifie que la hiérarchie catholique s'aligne sur les pays où l'homosexualité reste un sujet tabou. Tout en parlant très abstraitement du « respect » dû aux personnes homosexuelles, les évêques fuient tout dialogue avec les couples homosexuels ou même avec les théologiens qui se montrent favorables à leurs revendications, sous prétexte que le fait même d'ouvrir un tel dialogue compromettrait la doctrine de l'Église.

Tout en voulant exclure des rangs presbytéraux les personnes ayant des « tendances homosexuelles profondément enracinées » ou susceptibles de sympathie pour l'idéologie de la libération gay, l'Église ne sait mettre son discours officiel en accord avec la vie réelle de son clergé, sans parler des fidèles laïcs. Il est vrai que dans le passé le domaine de l'éthique sexuelle manifestait aussi un net décalage entre principes et pratique. Mais cela avait lieu au sein d'une entente partagée de la sexualité, tandis que le décalage actuel oppose une vision traditionnelle de moins en moins parlante à une nouvelle culture de la sexualité et du mariage qui a sa consistance propre et cherche à articuler des principes à sa mesure. En refusant le dialogue avec cette culture, l'Église hiérarchique reste prisonnière des catégories appauvries. Privées de l'oxygène du débat, du dialogue, de la consultation, les idées que l'on se fait de l'homosexualité manquent inévitablement de sophistication phénoménologique. La présomption de tout connaître à son sujet – car le domaine de la morale sexuelle a été le sujet de déterminations très autoritaires depuis deux mille ans – conduit à des scènes fort embarrassantes dès qu'il s'agit de proférer une parole concrète. Je cite l'explication fournie par le cardinal Zenon Grocholewski de ce que la catégorie de « tendances homosexuelles profondément enracinées » ne couvre pas : « comme exemple d'une tendance transitoire notre document mentionne le cas d'une adolescence inachevée. Mais il peut y avoir d'autres cas. Par exemple le cas de ceux qui ont commis des actes homosexuels dans un état d'intoxication, ou de ceux qui l'ont fait comme résultat des circonstances déterminées, comme d'avoir passé plusieurs années en prison. Ou de ceux qui l'ont fait par obéissance à un supérieur ou pour gagner de l'argent [1]. » On pourrait citer aussi les écrits de Tony Anatrella, psychanalyste et jésuite, consultant auprès du Conseil pontifical pour la Famille et du Conseil pontifical de la Santé [2], où toutefois la distorsion de perspective a moins à voir avec la théologie qu'avec un freudisme sommaire et « brutal [3] ».

La doctrine morale ne peut plus faire abstraction de la situation vécue par les êtres humains auxquels elle prétend s'appliquer. Si l'on insiste exclusivement sur les principes, en abandonnant leur application à la sagesse pastorale, laquelle à son tour est très appauvrie par une peur exagérée de trahir les principes, on risque de découvrir un jour que ces principes, développés à grande distance des phénomènes de base, sont devenus exsangues et stériles. L'étude des phénomènes, dans le cas présent, implique que l'on recueille le témoignage de ceux qui ont vécu les diverses possibilités d'une vie gay ou lesbienne, pour mesurer sobrement les diverses valeurs en jeu. Ce dialogue peut s'enrichir si nous trempons nos réflexions dans la littérature, qui éclaircit dans mille perspectives la complexité et la variété des rapports humains, y compris les dédales de l'expérience maritale, même si en ce qui concerne spécifiquement l'homosexualité une terrible censure a rendu son texte difficile à déchiffrer. Cela signifie exposer la pensée théologique au risque de perdre toute certitude quant à l'essence invariable de l'amour, du mariage ou des amitiés. L'humanité reste un territoire inconnu à elle-même, car plus on l'explore, plus se multiplient les énigmes. La Bible, bien lue, épouse et approfondit cette complexité ; le discours ecclésiastique, pour faire de même, aurait besoin d'une nouvelle pratique de l'ouverture dialogale et de l'autocritique.

Un phénomène indéniable

Les couples de même sexe font partie de la fabrique ordinaire de la vie sociale en bien des pays, et leur présence même constitue une réfutation de nombre d'idées longtemps dominantes. La compréhension et l'appréciation de ce phénomène s'imposent à une Église qui se proclame « experte en humanité [4] ».

Il se peut qu'un changement se prépare lentement. Le cardinal Schönborn de Vienne, qui plaide pour une « morale du bonheur » au lieu d'une « morale du devoir », déclare : « En ce qui concerne le thème de l'homosexualité par exemple, nous devons considérer plus fortement la qualité d'un rapport. Et aussi parler au sujet de cette qualité de façon appréciative. Un rapport stable est certainement préférable au cas de quelqu'un qui se contente de vivre librement sa promiscuité [5]. » Le cardinal Martini écrit : « Je connais des couples homosexuels, hommes hautement estimés et figures sociales. Personne ne m'a jamais demandé de les condamner, et cela ne me viendrait jamais à l'esprit [6]. » Les déclarations prudentes et mesurées des ecclésiastiques sembleront timides, voire hypocrites, à ceux qui s'impatientent de la lenteur avec laquelle l'Église prend acte des nouvelles données. Mais telles sont les miettes dont se consolent les catholiques libéraux, et qui suffisent à déclencher la furie des zélateurs et des délateurs. Ces murmures des « princes de l'Église » me semblent indiquer assez clairement le chemin qui s'ouvre devant l'Église. Comment va-t-elle exprimer son respect pour les couples homosexuels aimants ? Pour certains, il suffit d'appliquer la sagesse pastorale qui tolère une situation imparfaite, selon la position de Jan Visser, l'un des auteurs du document Persona Humana publié par la Congrégation pour la Doctrine de la Foi en janvier 1976 : « Quand on a affaire à des gens si profondément homosexuels qu'ils auront des graves difficultés personnelles, voire sociales, s'ils ne trouvent pas un partenaire stable au sein de leur vie homosexuelle, on peut leur recommander de chercher un tel rapport, et on accepte cela comme le mieux qu'ils peuvent faire dans leur situation présente [7]. » À un moment ou les sociétés de l'Europe de l'Ouest ont reconnu, par des lois diverses, la dignité des couples homosexuels, ce respect pastoral semble tomber loin en deçà de l'accueil que ces couples attendent de leurs églises. Il est très regrettable que l'Église n'ait pas donné suite à l'idée d'encourager le couple fidèle comme « moindre mal » dans les années soixante-dix : cela aurait diminué les ravages du Sida. En l'absence de toute politique de respect des couples par l'Église, les projets de reconnaissance juridique adoptés par un État après l'autre comblent cette lacune de façon constructive et responsable.

Une campagne futile

Le théologien qui pense à ces questions risque de se trouver écartelé entre d'une part l'autorité des évêques et du Vatican et, d'autre part, le sentiment d'un grand nombre des fidèles. Cette tension fut dramatiquement illustrée en Irlande, en juin 2010, quand plusieurs sondages ont montré que 84 % de la population approuvaient une loi de partenariat civil condamnée par les évêques au prétexte qu'elle porte atteinte à la dignité du mariage et à la liberté de conscience des fonctionnaires qui auront à enregistrer ces unions civiles. (Les fonctionnaires eux-mêmes n'ont rien dit à ce sujet.) La déclaration épiscopale manquait de persuasion, car elle ne s'accompagnait d'aucun processus de consultation ou de dialogue, et ses signataires se gardaient bien de défendre leurs positions dans des débats publics. Tout laisse croire que c'était un geste accompli sous la pression du Vatican.

C'était sans doute également le cas d'une déclaration faite par les évêques de l'Irlande du Nord en 1982, qui dénonçait la décriminalisation des actes homosexuels, quinze ans après le reste du Royaume-Uni. (La loi victorienne sera abolie en Irlande du Sud seulement en 1993, sans résistance épiscopale.) Or, quelques brèves années plus tard, c'est maintenant le Vatican lui-même qui déclare son opposition à la criminalisation des actes sexuels entre adultes consentants [8]. Le rappel de ce développement rend encore plus difficile de prendre au sérieux les interventions actuelles des évêques** contre les unions civiles. À l'image des cardinaux se pavanant dans leurs cappae magnae – longues comme de rouges traînes de mariée –, les évêques qui profèrent semblables déclarations inopérantes semblent jouer un rôle magistral qui aujourd'hui ne peut plus s'exercer de cette façon. Au lieu de prétendre donner des leçons à la communauté gay, le moment n'est-il pas venu pour les ecclésiastiques d'adopter la posture de qui cherche humblement à apprendre ? Sans encouragement ecclésiastique, les gays et les lesbiennes ont tant apprécié les valeurs d'amour et de fidélité qu'ils ont de plus en plus opté pour l'union monogamique qui est devenue leur style de vie préféré. Et cela est loin d'être le seul aspect d'une sagesse ou d'une vision prophétique émergentes dans des milieux homosexuels.

Le Vatican conduit une campagne contre le mariage homosexuel et contre les unions civiles, qui a réussi pour le moment en Italie, seule grande puissance occidentale à n'accorder aucune reconnaissance légale aux couples gays et lesbiens. Aux États-Unis, certains évêques ont dépensé beaucoup d'argent pour la même campagne, sans consulter les fidèles sur l'opportunité de cet emploi de leurs oboles. L'expression abortionsamesexmarriage [9] est devenue, dit-on, une ritournelle dans la conversation de plusieurs évêques [10]. Cette association est encore avérée dans le discours papal de Fatima, le 13 mai 2010 : « Les initiatives qui ont pour but de sauvegarder les valeurs essentielles et premières de la vie, dès sa conception, et de la famille, fondée sur le mariage indissoluble entre un homme et une femme, aident à répondre à certains des défis les plus insidieux et les plus dangereux qui, aujourd'hui, s'opposent au bien commun. On suit mal cette logique. L'avortement est un acte de mort, le mariage homosexuel un projet d'amour ; il est étrange de les traiter comme également nocifs au bien commun. Cette tactique risque aussi d'affaiblir l'argumentation ecclésiale au sujet de l'avortement. »

Dans ces débats, l'autorité des évêques est hypothéquée aussi par le poids d'une sinistre histoire. La « purification de la mémoire » visée par Jean-Paul II dans son acte de repentance pour les crimes de l'Église en 2000 concernait particulièrement la persécution des juifs dans la Chrétienté médiévale. De la persécution non moins insidieuse des personnes homosexuelles, exécutées, emprisonnées, et privées de tous les droits à la liberté de conscience et d'expression, pendant ces mêmes siècles, il ne fut pas question. On insiste dans l'enseignement actuel sur le devoir de respecter les personnes homosexuelles, mais on ne trouve rien à se reprocher à cet égard ni dans le passé ni dans le présent. Rappelons que l'Église se garda de dénoncer le principe de l'esclavage jusqu'à ce que le dernier pays du monde, le Brésil catholique, ne l'ait aboli légalement ; alors elle s'en déclara l'ennemie séculaire dans l'Encyclique Catholicae ecclesiae de 1890 – en dépit d'un document du Saint-Office de 1866 signé par Pie IX selon lequel l'esclavage est compatible avec la loi naturelle et la loi divine. Ainsi, l'Église ne va pas modifier son attitude à l'égard des droits des homosexuels tant qu'un grand nombre de catholiques, en Afrique et ailleurs, se prétendront scandalisés par un changement si radical.

Le document de la Congrégation pour la Doctrine de la Foi, « Considérations à propos des projets de reconnaissance juridique des unions entre personnes homosexuelles [11] » (août 2003) constitue la charte de la campagne contre la reconnaissance juridique des couples homosexuels. Il commence en décrivant l'homosexualité comme « un phénomène moral et social inquiétant », une « anomalie » dont certaines personnes souffrent. La thèse de base serait applicable aux homosexuels aussi, sauf pour les trois mots qui les excluent, « de sexe différent » : « aucune idéologie ne peut effacer de l'esprit humain cette certitude : le mariage n'existe qu'entre deux personnes de sexe différent qui, par le moyen de la donation personnelle réciproque, propre et exclusive, tendent à la communion de leurs personnes ». L'exclusion est fondée sur la prétention que les actes homosexuels ne peuvent être ni procréateurs ni unitifs : « Il n'y a aucun fondement pour assimiler ou établir des analogies, même lointaines, entre les unions homosexuelles et le dessein de Dieu sur le mariage et la famille. Le mariage est saint, alors que les relations homosexuelles contrastent avec la loi morale naturelle. Les actes homosexuels, en effet, "ferment l'acte sexuel au don de la vie. Ils ne procèdent pas d'une complémentarité affective et sexuelle véritable" (Catéchisme de l'Église catholique, n. 2357). » Le document envisage une tolérance limitée pour les couples homosexuels : « À ceux qui, sur la base de cette tolérance, veulent procéder à la légitimation de droits spécifiques pour les personnes homosexuelles qui cohabitent, il faut rappeler que la tolérance du mal est bien autre chose que son approbation ou sa légalisation. » Peut-être pense-t-on à la tolérance que l'Église a pratiquée à l'égard de ce « mal » qu'est la prostitution. Toute reconnaissance positive de ces unions est une injustice : « Il faut s'abstenir de toute forme de coopération formelle à la promulgation ou à l'application de lois si gravement injustes. » L'injustice consiste dans la propagation d'une fausse éthique sexuelle qui nuira au bien commun. « Dans les unions homosexuelles, sont complètement absents les éléments biologiques et anthropologiques du mariage et de la famille qui pourraient fonder raisonnablement leur reconnaissance juridique. Ces unions ne sont pas en mesure d'assurer, de manière adéquate, la procréation et la survivance de l'espèce humaine. L'éventuel recours aux moyens mis à leur disposition par les découvertes récentes dans le champ de la fécondation artificielle impliquerait de graves manquements au respect de la dignité humaine et ne changerait rien à cette inadéquation. » Les questions de bioéthique me semblent appartenir à un autre débat, car elles concernent les couples hétérosexuels stériles plus encore que les couples homosexuels.

Le document continue en se répétant, sans apporter d'argument véritable : « Dans les unions homosexuelles, est absente aussi la dimension conjugale, par laquelle les relations sexuelles prennent une forme humaine et ordonnée. En effet, ces relations sont humaines lorsque et en tant qu'elles expriment et promeuvent l'aide mutuelle des sexes dans le mariage et restent ouvertes à la transmission de la vie. » « Si, du point de vue juridique, le mariage entre deux personnes de sexe différent était considéré seulement comme une des formes de mariage possible, l'idée de mariage subirait un changement radical, et ce, au détriment grave du bien commun. » Les unions homosexuelles ne méritent pas la reconnaissance de l'État parce qu'elles sont « sans apport significatif ni positif pour le développement de la personne et de la société », ce qui semble contredire l'observation empirique de tous les jours. « Il y a de bonnes raisons pour affirmer que de telles unions sont nuisibles pour le juste développement de la société humaine, et qu'elles lui nuiraient dans la mesure où augmenterait leur incidence effective sur le tissu social. » Mais ces « bonnes raisons » semblent très rétives à une articulation persuasive. La pauvreté de l'argumentation est un indice de son manque de vérité, car la vérité abonde en raisons et en illustrations, et ne s'exprime pas par des ritournelles tautologiques. Le même sentiment d'un vide désespéré affecte les protestations des épiscopats nationaux, calquées sur celle-ci. Jacques Lacan distingue la psychanalyse d'un tel discours tautologique, « de ce qui se trouve, dirais-je, incarné dans le discours de Wittgenstein, à savoir une férocité psychotique, auprès de laquelle le rasoir d'Occam bien connu qui énonce que nous ne devons admettre aucune notion logique que nécessaire n'est rien [12] ». On a construit un château de propositions sur la sexualité qui reste aussi vide que le Tractatus logico-philosophicus et aussi tangentiel par rapport à la réalité vécue par les couples homosexuels que l'étaient par rapport aux souffrances des esclaves américains les tranquilles justifications de l'esclavage par le Bienheureux Pie IX.

Les unions homosexuelles ne pouvant « garantir la suite des générations », elles ne méritent donc pas la reconnaissance. Un politicien qui approuverait cette reconnaissance serait coupable d'un « acte gravement immoral ». Le document ne réussit pas à se donner une conclusion ou une péroraison convaincante, et il s'achève sur une répétition supplémentaire : « Reconnaître légalement les unions homosexuelles ou les assimiler au mariage, signifierait non seulement approuver un comportement déviant, et par conséquent en faire un modèle dans la société actuelle, mais aussi masquer des valeurs fondamentales qui appartiennent au patrimoine commun de l'humanité [13]. » Certes, cette reconnaissance apporterait aux jeunes homosexuels, et aux vieux également, le message que leur affectivité est normale et naturelle, et qu'ils ont le droit d'aimer selon leur cœur et de s'exprimer sexuellement. Mais on ne voit pas pourquoi les valeurs du mariage hétérosexuel en seraient masquées. En revanche cette reconnaissance contribuerait à renouveler la compréhension de l'amour conjugal et sa créativité.

Un projet constructif

Si l'on veut émettre un jugement sur le mariage homosexuel, il faut distinguer entre l'argument civil et l'argument théologique. Bien des couples homosexuels revendiquent simplement l'égalité devant la loi, en ce qui concerne les visas et l'immigration par exemple. La reconnaissance du mariage homosexuel est saluée en premier lieu comme l'assurance maximale de cette égalité. Construire un couple homosexuel, dans la durée, requiert une énergie immense, et les obstacles légaux ont fait avorter mille projets de ce genre. Les paroles décourageantes d'un évêque de Malte montrent bien la mentalité qui préside à ces obstacles : « Selon les sécularistes, le mariage est seulement un contrat légal en vue de sauvegarder le bien-être émotionnel des partis, qu'ils soient du même sexe ou d'une orientation sexuelle différente. La permanence, l'exclusivité, l'ouverture à la vie n'appartiennent pas à ce type de mariage où tout est négociable. Tout dépend de la volonté et du consentement des partis engagés dans cette expérience [14] » La référence ici au « bien-être émotionnel » est bien moins paternelle et bienveillante que l'expression du Dieu du Yahwiste pour lequel, « Il n'est pas bon pour l'homme d'être seul » (Genèse 2, 18). Cette répression de l'amour est une tragédie sociale, une des nombreuses qui ont marqué l'histoire de l'homosexualité.

Sur le plan civil, l'argument principal avancé contre le mariage homosexuel est qu'il change la définition du mariage, nuisant ainsi à l'institution même. C'est un argument que j'ai du mal à comprendre et à évaluer. Il me semble que le divorce a déjà fait une grande brèche dans la compréhension traditionnelle du mariage dans nos sociétés. Surtout le rôle majeur joué par la volonté et le consentement dans le mariage moderne, que l'évêque maltais semble regretter, a dissous bien des aspects des cultures matrimoniales anciennes qui nous paraissent maintenant oppressifs. On pourrait soutenir que l'introduction du mariage homosexuel va dans le sens opposé du divorce, en tant qu'elle promeut les rapports stables et fidèles.

Certains théologiens moraux se demandent si le mariage convient réellement aux homosexuels, et s'il n'est pas un peu facile de l'accueillir comme la « solution » de leurs « problèmes » éthiques. Le donjuanisme invétéré de l'homosexuel – ou du mâle ? – peut-il s'accommoder des contraintes d'une institution créées pour des besoins qui n'ont rien à faire avec les intérêts homosexuels ? De l'autre bord, bien des homosexuels, attachés à la liberté carnavalesque et dionysienne de la culture gay, résistent à un projet social visant à « faire une femme honnête de l'homme gay ». Ils redoutent cette situation nouvelle où l'amour pour une personne du même sexe peut avoir des conséquences aussi graves que celles qui sont traditionnellement associées avec l'amour de l'autre sexe. Les demandes en mariage ne figuraient ni dans la vie ni même dans les rêves des homosexuels jusqu'à très récemment. Dire « je vis avec un autre homme » va-t-il redevenir une confession de moralité douteuse, qui appellera la réponse, « pourquoi ne sanctifiez-vous pas votre union en la rendant officielle ? » Tout le drame matrimonial de l'humanité, dont la littérature souligne surtout les aspects tristes, va devenir maintenant le lot des homosexuels. La possibilité du mariage homosexuel a ainsi entièrement changé les coordonnés pratiques de vie personnelle de bien des prêtres catholiques. De la même façon que des centaines de milliers de leurs confrères hétérosexuels ont quitté le ministère pour se marier, car leur femme n'acceptait pas l'insécurité et la clandestinité du concubinat, des prêtres homosexuels, établis (dans le meilleur des cas) dans « une amitié mature et discrète », peut-être avec l'approbation de leurs supérieurs, se trouvent forcés de choisir entre le ministère et le couple.

Ces questions, et le fameux « problème de l'homosexualité », se posent aujourd'hui en termes pratiques, le plus souvent, plutôt qu'en termes moraux ou psychologiques. On se soucie moins des orthodoxies théoriques et on s'adresse plus directement à la question, « comment vivre ? » On cherche des arrangements permettant un sage déploiement des énergies affectives et sexuelles. Ce pragmatisme me semble salutaire, et je me demande si nos institutions matrimoniales traditionnelles ne se sont construites de la même façon au cours de l'histoire.

Dépasser le manichéisme

Si l'on poursuit l'argument jusqu'au niveau de l'ontologie, le principe que saint Augustin oppose au manichéisme, celui de la bonté foncière de l'être, trouve une belle application : « Ils sont loin d'être sains d'esprit, ceux auxquels ne plaît pas une chose que Tu as créée » (Confessions VII, 20). Augustin défendait la bonté du mariage contre les manichéens, en soulignant la multiplicité des « biens » que cette alliance réunissait, en addition à son utilité négative comme « remède de la concupiscence ». Allant dans le même sens antimanichéen, ne peut-on affirmer qu'une relation homosexuelle, y compris une amitié chaste comme celles qu'on admire chez certains saints, peut participer de façon analogique de ces biens, fides, proles, sacramentum, fidélité, enfants, signe de l'amour divin ? Pour proles on peut lire « créativité ». On remarque souvent que le partenaire plus riche et plus âgé dépense des trésors financiers et humains pour le bonheur de son ami. Sans entrer dans la question de l'homoparentalité, je remarque que « deux hommes ensemble peuvent défier le monde [15] » et peuvent avoir une force créatrice qui dépasse celle des célibataires : prenons-en pour exemple l'amitié entre le grand compositeur Benjamin Britten et le ténor Peter Pears, interprète et inspirateur de ses œuvres. L'Église ne pouvait bénir cette relation, mais il est difficile de ne pas y reconnaître un signe de l'amour divin [16].

Certes, dira-on, ce n'est pas l'amitié qui choque, mais les actes sexuels entre personnes du même sexe. Ce qu'on leur reproche, dans le discours catholique, c'est qu'ils séparent la sexualité de la reproduction. Encore une fois, j'avoue que le poids de cet argument m'échappe. En théologie, la condamnation de l'homosexualité est fondée sur l'idée qu'elle va contre l'ordre de la nature (même si saint Thomas remarque que l'instinct homosexuel peut être connaturale secundum quid [17]). On explique ce désir désordonné, comme dans le cas de la « concupiscence » en général, en invoquant le Péché originel. Ici c'est contre Augustin lui-même qu'il faut poursuivre l'inspiration antimanichéenne. La chair est une création dont on a tout fait pour dévaloriser la beauté rayonnante, la « grâce du corps [18] ». Peut-on corriger cela en louant jusqu'aux cieux l'acte conjugal, tout en continuant simultanément à peindre tout acte sexuel entre deux hommes ou deux femmes de couleurs démoniaques ?

Même en admettant une version assez rigide de la loi naturelle, qui ne saurait accepter l'expression physique de l'amour homosexuel, il est encore possible d'invoquer l'idée que « l'amour couvre une multitude de péchés » (1 Pierre 4, 8).

L'Église n'a accepté que récemment la non-peccaminosité des rapports conjugaux, sans cesser de nous prévenir contre l'adultère dans le mariage. Le témoignage des couples homosexuels, qui attestent que les actes physiques approfondissent et renforcent leur union intime, ne peut pas être écouté par une Église qui se cantonne dans la posture d'un rejet radical. Le résultat de ces ambiguïtés est un lourd discours hétérosexuel, incarné dans la « Théologie du corps » de Jean-Paul II, qui ne saurait s'adresser aux questions sexuelles avec le raffinement et le tact voulus.

La psychanalyse a hérité de l'association entre sexualité et Péché originel, en traitant l'homosexualité comme une défaillance – dont il faut chercher les origines dans quelque « chute » infantile. La découverte des instincts et des comportements homosexuels dans tout le royaume animal est souvent invoquée pour revendiquer le statut naturel et normal de l'attirance homosexuelle. Les psychanalystes objectent que cela abolit la liberté de choix, et transforme la sexualité en une chose mécanique et déterminée, sollicitant la manipulation génétique comme moyen de supprimer le gène homosexuel. Les psychanalystes contemporains cherchent toujours à interpréter l'homosexualité en connexion avec quelque intrigue familiale des premières années, non plus comme une chute ou une défaillance toutefois. Ils défendent « la dignité d'un choix inconscient quand bien même précoce [19] ».

L'homophobie, pour sa part, peut avoir des racines archaïques et profondes, mais le christianisme ne devait-il pas transformer cette ancienne phobie au lieu d'y succomber ? La construction de la sodomie en théologie chrétienne n'a reculé devant aucune stratégie de diabolisation, et s'est renforcée par les bûchers de l'Inquisition – un des premiers actes des missionnaires chrétiens à Goa et à Manille fut de brûler les sodomites. Les bases de cette construction dans la violence, la crainte et la haine se laissent percevoir même chez saint Jean Chrysostome, qui devait faire face à ce qui subsistait de l'ancienne liberté des mœurs à Antioche et à Constantinople. Sa voix d'or a été une bénédiction pour l'Église, mais une malédiction pour les juifs et les homosexuels. Voici son commentaire de Romains 1, 26-7 :

Toutes les passions sont ignominieuses, mais surtout la sodomie (kata tôn arrhenôn mania – la manie pour les hommes) ... Voyez comme les expressions de l'apôtre sont énergiques ! Il ne dit pas qu'ils se sont aimés (êrasthêsan), désirés (epethumêsan) mutuellement ; mais : « Ils ont brûlé de désirs l'un pour l'autre » ... Ils ont mis le péché à effet, et non seulement à effet, mais avec ardeur. Il ne dit pas le désir, mais proprement « l'infamie » ; car ils ont outragé la nature et foulé les lois aux pieds... Le démon s'apercevant que le désir portait surtout un sexe vers l'autre, s'est attaché à briser ce lien ; en sorte que le genre humain tendait à sa destruction, non seulement par le défaut de génération, mais aussi par suite de la division et de la guerre qui régnaient entre les sexes... (Saint Paul) leur prouve que la volupté renferme en elle-même son châtiment. S'ils ne le sentent pas, s'ils jouissent même, ne vous en étonnez pas : les furieux, les frénétiques, tout en se blessant et en se maltraitant misérablement, tout en excitant la pitié chez les autres, rient et sont heureux de ce qu'ils font ... L'on retrouverait cette maladie dans beaucoup des livres des philosophes ... Si on condamnait une jeune fille à admettre de stupides animaux dans son lit virginal, à avoir commerce avec eux, et qu'elle y trouvât du plaisir, ne serait-elle pas d'autant plus à plaindre que l'absence de la honte rendrait sa maladie incurable ? ... J'affirme que ces hommes sont plus coupables que des homicides... Ce crime dépasse tous ceux que vous pouvez nommer ... Je ne dirai pas seulement que vous êtes devenu femme ; mais j'ajouterai que vous avez cessé d'être homme... Vous méritez d'être chassé, lapidé par les hommes et les femmes ... Voilà que vous vous êtes vous-même changé, non pas en chien, mais en un animal bien plus vil... Les eunuques, même après la castration, sont encore utiles ; tandis que rien n'est plus inutile que l'homme changé en prostituée... Combien faudrait-il d'enfers pour eux ? Si ce mot d'enfer vous fait rire, si vous y êtes incrédule, rappelez-vous le feu qui consuma Sodome… Considérez l'énormité de ce crime, qui a rendu nécessaire une image anticipée de l'enfer … Qu'y a-t-il de plus infâme ? Ô fureur ! Ô délire ! … Ô êtres plus déraisonnables que les brutes, plus impudents que les chiens ! Car nulle part chez les animaux on ne voit de telles unions (Homélies sur l'Épître aux Romains, IV [20]).

Cette vision cauchemardesque reste vive dans l'imaginaire chrétien et musulman, qui l'embrasse avec une satisfaction vertueuse. C'est en son nom qu'on pend des adolescents en Iran aujourd'hui. En tandem avec la rhétorique antijuive elle a inspiré la construction des « anticipations de l'enfer » par les gouvernements totalitaires du siècle dernier. Quand nos évêques expriment leur « compassion » pour les « souffrances » des personnes homosexuelles, ils sont loin de penser que l'Église en est la cause, et souvent ils insinuent, en harmonie avec la vision chrysostomienne, que c'est l'homosexualité en tant que telles qui cause ces souffrances.

Écœuré par tout cela, on en vient à se demander si la Bible est un livre de mort. L'Église nous apprend à lire la Bible avec discernement, la jugeant à l'aune de la loi naturelle et des valeurs évangéliques, et mettant l'accent sur les grands textes qui en font un livre de vie. Pourtant, le Vatican n'hésite pas, dans le cas de l'homosexualité, à citer des versets isolés, tels Romains 1, 26-7 avec leur étrange étiologie de l'orientation sexuelle, dans le même style que les fondamentalistes. Il ne pense pas à chercher au sein de l'Évangile une vision plus intégrale de la vie homosexuelle et des valeurs qu'on revendique en demandant le respect des couples. De nos jours, l'Église connaît un grave déficit eschatologique et ne sait guère épouser la dynamique de l'annonce évangélique du Royaume de Dieu. Ce Royaume porte le visage d'une communauté inclusive, qui surmonte les barrières entre castes, nations, sexes. Elle inclut la personne dans son intégralité, y compris donc sa sexualité. L'Église n'indique pas ce Royaume quand elle demande aux fidèles de cacher ou d'oublier leur sexualité, et de ressentir à son propos un perpétuel malaise.

Repenser le mariage

On a attendu longtemps un changement profond dans la doctrine catholique. Le manque de progrès du débat résulte en large partie des actions disciplinaires dirigées contre les « dissidents », tels Charles Curran, John McNeill, Jeanne Gramick, qui ne pouvaient accepter Persona Humana (1976) et Homosexualitatis Problema (1986). Qui veut exercer dans l'Église d'aujourd'hui les droits humains tels la liberté d'opinion, la liberté d'expression, la liberté de publication, et la liberté de conscience, doit être prêt à payer le prix de l'excommunication. Cela rend-elle utopique l'espérance d'un « grand renversement » proclamées par James Alison, le théologien catholique gay le plus influent du moment, dans le titre de son dernier ouvrage [21] ? La résistance à ce questionnement radical est forte, car il requiert d'admettre que l'on s'est gravement trompé dans un domaine qui affecte tout être humain, la sexualité. Il implique aussi la tâche de tout repenser, et de regarder la sagesse et les pratiques du passé comme seulement des efforts provisoires à saisir les valeurs de l'amour et à les mettre en pratique. Tant de questions closes redeviendraient des questions ouvertes, des quaestiones disputatae [22]. Forts de leur construction logique, et de deux mille ans de tradition dont on surestime l'homogénéité et la rationalité, les hommes d'Église ont opté pour une posture inflexible. Mais est-ce un autre nom pour l'aveuglement ?

En quête d'un fondement ontologique pour ces questions morales et pratiques, plusieurs options sont possibles. Le théologien catholique qui cherche son chemin se laissera guider par la boussole de la tradition biblique et patristique, qui accorde un statut élevé à l'union hétérosexuelle monogame (reconnue, sous certaines conditions comme un Sacrement de l'Église romaine depuis le Moyen Âge). Mais cette tradition peut le pousser soit à rester sceptique à l'égard du mariage homosexuel, soit au contraire à l'embrasser comme extension des valeurs matrimoniales. Rien n'oblige, car le débat commence à peine à prendre position entre les possibilités en jeu. Je me contenterai, en conclusion, d'en signaler quelques-unes :

(1) L'idéal traditionnel de la monogamie, encore tellement glorifié dans notre culture, reste la forme essentielle du mariage. Les mariages homosexuels doivent s'y conformer dans la mesure du possible. On dira qu'en pratique la plupart des mariages hétérosexuels, dans leur variété infinie et dans leurs défaillances multiples, ne réalisent que très imparfaitement cette forme idéale. Souvent les couples homosexuels, ayant dû surmonter tant d'obstacles pour construire leur vie ensemble, reflètent mieux que bien des couples hétérosexuels cet idéal du mariage. Selon cette vision essentialiste, le mariage homosexuel, s'il vise à fonder une vraie famille, doit aussi tenir compte des enfants. Les controverses éthiques les plus vives du catholicisme concerneront sans aucun doute le droit des couples homosexuels à l'adoption, ainsi que les diverses modalités de la procréation artificielle.

(2) L'idéal traditionnel est en crise, et c'est une crise salutaire. La popularité du pacs comme alternative au mariage en témoigne. Une nouvelle culture du mariage est en train de se construire et les couples gays et lesbiens jouent un rôle essentiel dans ce processus. L'archevêque Joseph Kurtz, porte-parole des évêques américains sur ce thème, nie à l'Église et à l'État tout droit de redéfinir le mariage, dont la structure et la téléologie ont été définies dès le commencement par Dieu. Mais cela semble incompatible avec les variations du mariage au cours de l'histoire, depuis le patriarche Jacob et ses quatre femmes, mères des douze tribus d'Israël. Ce pluralisme dans les cultures du mariage suggère que ce soit en large partie une construction culturelle dont nous pouvons entreprendre une révision créatrice.

(3) Le mariage hétérosexuel et le couple homosexuel sont de nature différente, chacun construisant ses propres principes et procédés. Cette différence peut être prise comme comportant une inégalité au plan ontologique (qui peut coexister avec une égalité sur le plan légal). Ou bien l'on peut affirmer l'égalité des deux dans la différence. Cela permet de laisser tomber le fardeau que l'égalitarisme matrimonial, idéologie puritaine, a imposé tout récemment aux homosexuels, sommés de se prouver pareils aux autres. Des recherches historiques, non seulement en Europe mais dans toutes les cultures, pourraient féconder l'imagination, suggérant d'autres modèles ou paradigmes pour les unions entre personnes du même sexe, qui en mettraient en relief le caractère distinctif ;

(4) Il n'y a aucune essence du mariage, qui est simplement un arrangement légal et financier. Sur ce plan l'insistance monochrome sur l'« égalité matrimoniale » aux États-Unis, qui fait écho aux luttes antiracistes, se justifie. Quand cela devient un dogmatisme, prescrivant un arrêt de la pensée sur la nature du mariage en général, et suscitant la rage idéologique, il est bon d'y résister, ainsi qu'à la rigidité d'une politique identitaire qui évacue tout le domaine obscur de la bisexualité.

Sans doute pourrait-on multiplier ces approches du mariage. Nous ne devons pas avoir peur des questions irrésolues qui se posent ici, mais les discuter tranquillement, en cherchant à établir des solides valeurs humaines. Que ces réflexions, sans doute trop préoccupées d'un passé catholique et clérical, encouragent d'autres à construire une vision plus affirmative de l'expérience homosexuelle comme lieu théologique.

Notes

[1]

Interview, Radio Vaticana, le 29 novembre 2005, en référence à l'Instruction de la Congrégation pour l'éducation catholique sur les critères de discernement vocationnel au sujet des personnes présentant des tendances homosexuelles en vue de l'admission au séminaire et aux ordres consacrés, le 4 novembre 2005. Sur la réception de ce document, voir J. S. O'Leary, « Vatican Instruction, Church Reception », The Japan Mission Journal 59 (2005) : 263-9.

[2]

Quelques échantillons de son discours : « La volonté de contester les normes et les invariants de la société au nom de l'homosexualité montre, à l'évidence, qu'elle est un dissolvant social. L'homosexualité ne peut pas être un enjeu politique comme on le laisse entendre actuellement, à moins d'être démagogique et suicidaire dans une société dépressive qui méconnaît ses repères de base » (La Documentation catholique, n. 2298, 7 et 21 septembre 2003, p. 810). « Nous en sommes venus à une situation absurde au point non seulement de faire de l'homosexualité une norme mais, en plus, de vouloir en faire un délit lorsque certains revendiquent que soit sanctionnée l'homophobie. Un concept flou et pervers qui fait qu'il ne sera plus possible d'exprimer une critique ou de faire de l'humour sur l'homosexualité sans être taxé d'homophobie, reconnue comme une faute légale alors qu'elle est surtout une interprétation projective » (p. 811). « Nous sommes en présence d'une "hérésie" anthropologique comparable à celle de l'arianisme et devant un nouveau conflit d'idées qui sera plus coûteux que le marxisme » (p. 805-806). « La banalisation de l'homosexualité est d'autant plus inquiétante qu'elle reste un phénomène minoritaire et marginal… Nous sommes dans une société des apparences où l'on prétend qu'au nom de la tolérance et de la superficialité ambiante, tout aurait la même valeur et le même sens » (806).

Voir aussi, Tony Anatrella, Le Règne de Narcisse, les enjeux du déni de la différence sexuelle, Paris, Presses de la Renaissance, 2005.

[3]

Philippe Lefebvre, « Le sexe du prêtre : affaire de divan ou de divin ? Questions à l'auteur du Règne de Narcisse », Lumière et vie, no 269, mars 2006, p. 101-109.

[4]

C'est l'incipit de la Lettre aux évêques de l'Église catholique sur la collaboration de l'homme et de la femme dans l'Église et dans le monde, Congrégation pour la doctrine de la foi, le 31 juillet 2004.

[5]

European Info Press, 12 Juillet 2010.

[6]

Jerusalemer Nachtgespräche, Freiburg, Herder, 2008.

[7]

L'Europa, 30 janvier 1976 ; voir Paul Surlis, « Theological Note», Commonweal, 22 septembre 2000.

[8]

Déclaration de l'archevêque Celestino Migliore devant les Nations unies, New York, 19 décembre 2008.

[9]

Avortement/homosexualité/mariage.

[10]

James Martin, sj, blog d'America Magazine, 17 mai 2010.

[11]

http://www.vatican.va/roman_curia/congregations/cfaith/documents/rc_con_cfai
th_doc_20030731_homosexual-unions_fr.html

[12]

Jacques Lacan, Le Séminaire, livre XVII : L'envers de la psychanalyse, Paris, Le
Seuil, 1991, p. 69-70. Je remercie Philippe Kong pour cette référence. La férocité
tautologique peut faire figure de rage sacrée. « Dans son interpellation à ce peuple
choisi, la caractéristique de Yahvé est qu'il ignore férocement tout ce qui existe,
au moment qu'il s'annonce, de certaines pratiques des religions alors
foisonnantes, et qui sont fondées sur un certain type de savoir – de savoir sexuel »
(ibid., p. 158).

[13]

Cela me rappelle un poème de Paul Durcan, dans lequel les évêques mettent en
garde contre la photographie en couleurs qui produit « une distorsion sérieuse de
la réalité. Les images en couleurs montraient la réalité comme riche et variée,
tandis qu'en fait c'est le contraire qui est le cas. Il faudra sauvegarder la nature
innée noire et blanche de la réalité » (« Irish Hierarchy Bans Colour
Photography », The Penguin Book of Contemporary Irish Poetry, éd Peter Fallon
et Derek Mahon, Londres, Penguin, 1990, p. 277).

[14]

Msgr Mario Grech, dans The Times of Malta, 4 juillet 2010. Voir aussi le cardinal
Bergoglio en Argentine, qui parle ainsi contre le mariage homosexuel (approuvé

par le Sénat argentin le 15 juillet 2010) : « Ne soyons pas naïfs. Il n'est pas question d'une simple lutte politique ; c'est une contestation destructive du dessein de Dieu… une machination du Père des mensonges, visant à embrouiller et tromper les enfants de Dieu » (Lifesitenews.com. 9 juillet 2010). En réponse, la présidente de l'Argentine déclare : « Des expressions comme "guerre de Dieu" ou "projet du démon" renvoient aux temps de l'Inquisition, surtout lorsqu'elles viennent de ceux qui doivent œuvrer pour la paix, la tolérance, la diversité et le dialogue… On se croirait au temps des Croisades. » Des milliers de jeunes catholiques ont manifesté contre la nouvelle loi ; il faut regretter que l'Église ne sache plus susciter pareil engagement en faveur de la justice sociale.

[15]

E. M. Forster, Maurice, Londres, 1971 (écrit en 1914).

[16]

On peut trouver des racines pour cette manière de voir dans la tradition chrétienne ; voir John Boswell, Same-Sex Unions in Premodern Europe, New York, Villard, 1994, surtout les textes des cérémonies quasi matrimoniales pour bénir l'union entre personnes du même sexe (p. 291-341).

[17]

Summa theologica I-II, q. 31, a. 7 ; « connaturels à certains égards », La Somme théologique, t. 2, Paris, Le Cerf, 2003, p. 220. Le texte est cité, avec une référence incorrecte (q. 37 au lieu de q. 31) par John Mcneill dans son ouvrage célèbre, The Church and the Homosexual, 4e éd., Boston, Beacon, 1993. Ce n'est pas un texte prohomosexuel, car saint Thomas dit la même chose de la bestialité et du cannibalisme.

[18]

Rowan Williams, « The Body's Grace », dans Theology and Sexuality, éd. Eugene F. Rogers, Oxford, Blackwell, 2002, p. 309-321.

[19]

Philippe Kong, communication personnelle.

[20]

Saint Jean Chrysostome, Œuvres complètes, Paris, M. Jeannin, 1861, t. 10, p. 209-212. Parmi les prédécesseurs dans cette tradition rhétorique on comptera Philon et Clément d'Alexandrie, parmi les successeurs saint Pierre Damien. Mark D. Jordan s'est fait un devoir de se pencher longuement sur ces tristes écrits ainsi que sur les hypocrisies actuelles du clergé. Voir The Invention of Sodomy in Christian Theology, University of Chicago Press, 1998, et The Silence of Sodom: Homosexuality in Modern Catholicism, University of Chicago Press, 2000.

[21]

James Alison, Broken Hearts and New Creations: Intimations of a Great Reversal, Londres, dlt, 2010.

[22]

Voir Luke T. Johnson, « Homosexuality, Scripture, and Tradition », Commonwealth, 15 juin 2007.

Que dit l'Église de l'homosexualité ?

Le magistère catholique et un certain nombre d'églises protestantes condamnent sans ambiguïté l'homosexualité. L'Église catholique qualifie l'homosexualité de conduite désordonnée et de mauvaise du point de vue moral [1]. La doctrine catholique produite par les Pères et Docteurs de l'Église est précisée dans le catéchisme. On peut lire dans le dernier en date promulgué par le Vatican en 1992 « S'appuyant sur la Sainte Écriture, qui les présente comme des dépravations graves, la Tradition a toujours déclaré que "Les actes d'homosexualité sont intrinsèquement désordonnées". Ils sont contraires à la loi naturelle. Ils ferment l'acte sexuel au don de la vie. Ils ne procèdent pas d'une complémentarité affective et sexuelle véritable. Ils ne sauraient recevoir d'approbation en aucun cas ». La famille constituée par le mariage est, selon l'Église catholique, une institution naturelle, fondée par Dieu [2]. Les « solutions alternatives », recompositions familiales, unions homosexuelles et unions libres représentent un grave dommage pour la famille et la société [3]. L'État se doit de freiner légalement leur prolifération [4]. Le cardinal Joseph Ratzinger demandait aux hommes politiques en 2003 de s'opposer par tous les moyens possibles aux projets de reconnaissance juridique des unions entre personnes homosexuelles [5]. Le président de la conférence des évêques de France va lui, jusqu'à s'opposer à l'adoption de la loi contre l'homophobie [6].

Dans le protestantisme, les autorités sont généralement collégiales et partagées. Elles ne sont pas le fait d'une hiérarchie centralisée, mais émanent d'instances élues telles que conseils, assemblées ou synodes. Cependant dans les églises issues de la Réforme, une grande importance est attachée à l'Écriture sous l'autorité de laquelle sont placés conseils, synodes et autres appareils démocratiques. Chaque église protestante décline différemment son rapport à l'autorité de l'Écriture et use d'une plus ou moins grande liberté d'interprétation à son égard [7]. Il apparaît cependant que la majorité des Églises protestantes d'Europe ne sont pas prêtes à bénir des unions entre personnes du même sexe, ni à ordonner des homosexuels qui pratiquent et revendiquent publiquement leur homosexualité. [8]

Se revendiquer homosexuel et fervent chrétien semble une combinaison improbable. Pourtant nombre d'homosexuels en France ont reçu une éducation religieuse familiale et/ou scolaire ou encore dans le cadre des mouvements de l'action catholique. Ayant intériorisé les discours de l'Église institutionnelle, les gays et lesbiennes chrétiens vivent souvent avec honte et culpabilité la découverte de leur homosexualité. Comment un homosexuel chrétien croyant gère-t-il la coexistence de ces deux dimensions identitaires ? Chacune d'elle peut se vivre isolément ou avec d'autres. Une personne peut ainsi vivre son homosexualité dans un monde séparé du reste de ses activités ou bien au contraire l'intégrer dans son quotidien, dans une activité associative éventuelle, voire sur son lieu de travail. De même un chrétien peut s'être fabriqué une religiosité individuelle sans fréquenter ni lieu de culte ni communauté de croyants, ou bien peut au contraire participer activement à la vie d'une église. À l'instar des autres chrétiens en France, un certain nombre d'homosexuels chrétiens ne fréquentent plus de paroisse. La coexistence de la dimension homosexuelle avec la dimension religieuse mène-t-elle nécessairement à une religiosité individuelle ou à une homosexualité vécue dans la honte ? Une telle religiosité individuelle signifie-t-elle toujours de tourner le dos aux lieux de culte ? L'individualisme religieux peut consister à se bricoler une religion à soi en se désaffiliant de toute communauté mais peut aussi être une stratégie pour maintenir son appartenance et rester au sein d'une église.

Les gays et les lesbiennes attachés à leur appartenance chrétienne sont confrontés à ce que Léon Festinger (1957) a désigné par le concept de dissonance cognitive. Il s'agit d'une tension entre un système de valeurs auquel on adhère et des pratiques vécues comme contradictoires avec ce système. Les chrétiens homosexuels sont soumis à une dissonance cognitive entre leurs deux dimensions identitaires. Ils sont confrontés, selon leur socialisation religieuse, à une tension entre l'appartenance à une tradition héritée mais discordante avec leurs propres aspirations, et le besoin de communalisation avec d'autres comme soi qui peut éventuellement les inciter à se tourner vers des lieux de culte dissidents. S'appuyant sur une enquête par questionnaire, cette étude décrit la tension identitaire des chrétiens homosexuels en distinguant ceux qui ne fréquentent pas ou plus l'église et ceux qui participent et éventuellement s'impliquent dans un lieu de culte. S'appuyant ensuite sur des entretiens qualitatifs et des témoignages, l'article explore les stratégies utilisées pour réduire la dissonance cognitive éprouvée.

Le présent travail s'attache à décrire la situation des chrétiens homosexuels en France, c'est-à-dire dans un contexte à la fois d'imprégnation culturelle catholique et à la fois très sécularisé. Le christianisme s'est introduit en France au IIe siècle. À partir du IXe siècle, la foi, les symboles et le calendrier liturgique catholiques furent au c ur de la vie populaire en France. La Révolution française, puis la séparation de l'Église et de l'État en 1905 ont ensuite fait de la France un pays laïc. L'influence du catholicisme, renvoyé en tant que religion à la sphère privée, est allée en s'amenuisant tant du point de vue de la pratique (baisse de la fréquentation d'un lieu de culte, baisse du nombre de prêtres, baptêmes, mariages), que de la croyance en Dieu ou de l'appartenance. Selon une enquête récente (Lenoir, 2007), la pratique régulière ne concerne plus que 10 % des Français en 2006. Ils sont de moins en moins nombreux à revendiquer une appartenance au catholicisme et de plus en plus nombreux à se dire « sans religion ». Ceux qui se déclarent catholiques ont pris leur distance avec l'institution, particulièrement lorsqu'il s'agit de questions liées aux m urs, à la morale, à la discipline. La vie religieuse recherchée, si l'on considère nécessaire d'en avoir une, est celle qui « fait du bien », qui apporte un plus à la réalisation des potentialités personnelles de chacun rencontrant en cela les impératifs modernes de l'accomplissement et de l'épanouissement personnel (Hervieu-Léger, 2003). Les positions tenues par le Vatican en matière de m urs et de sexualité établissent de ce fait un fossé entre la norme à laquelle se réfèrent ces positions exprimées d'en haut et l'univers moral dans lequel les personnes évoluent en revendiquant leur épanouissement et autonomie.

La question homosexuelle telle qu'elle se pose pour la période contemporaine dans l'Église catholique française n'a pas suscité d'étude sociologique excepté celle d'Hélène Buisson-Fenet (2004) ou celle plus générale et historique de Florence Tamagne [9] dont un chapitre aborde les aspects religieux de la stigmatisation sociale. Ces travaux se sont davantage penchés sur les positions de l'institution cléricale que sur les parcours biographiques des homosexuels chrétiens.

Les travaux sur le vécu des homosexuels chrétiens en France sont le fait de théologiens, de prêtres ou religieux [10] ou encore de journalistes [11]. C'est dans les travaux anglo-saxons qu'on trouvera des études explorant l'articulation entre référence religieuse et identité homosexuelle [12]. La plupart de ces travaux anglo-saxons s'intéressent aux protestants et aux anglicans et laissent dans l'ombre ce qu'il en est des catholiques. Le contexte religieux des pays anglo-saxons, à la différence de celui de la France et des pays latin, est pluraliste. En effet, les églises protestantes, qu'il s'agisse des États-Unis ou de la Grande-Bretagne, ne sont pas organisées autour d'une institution centrale comme le sont les églises catholiques. Le public qui fréquente ces églises peut choisir celle dont l'ouverture ou la rigueur lui correspond le mieux et réciproquement, ces églises peuvent adapter leur discours au public. La célébration religieuse d'unions homosexuelles ou l'ordination d'homosexuels sont débattues et acceptées au sein de certaines églises [13]. Des Églises gays se sont ainsi multipliées en Angleterre comme aux États-Unis. La présente étude concerne donc un contexte très différent.

Pour explorer comment les gays et les lesbiennes chrétiens gèrent les deux dimensions identitaires, les données utilisées sont issues de trois sources : des témoignages rédigés par les membres d'églises inclusives [14], une enquête par questionnaire [15], et des entretiens semi-directifs avec quelques répondants de cette enquête.

Les témoignages autobiographiques avaient été collectés et rassemblés dans un recueil (Sereno, 2005) dont le but explicite était de rendre service à d'autres croyants homosexuels en leur indiquant une voie possible d'intégration de leurs dimensions identitaires : la communauté inclusive. La lecture de ce recueil de témoignages a orienté cette étude vers l'idée que cheminer vers une église accueillante s'apparentait à un parcours de conversion dont le témoignage constituait l'ultime étape, celui du discours d'exemplarité (Hervieu-Léger, 2001).

L'enquête consistait en un questionnaire de 250 questions dont certaines, ouvertes, permettaient aux enquêtés de témoigner librement ou d'exprimer plus largement leurs opinions tant sur leurs croyances et pratiques que sur leurs attitudes, leur implication au sein du monde gay et lesbien ou au sein d'une paroisse. Initialement conçu par Andrew Yip, sociologue à l'université de Nottingham Trent pour explorer ces thèmes au Royaume-Uni [16], le questionnaire a été adapté à la France [17]. Il a été diffusé par voie postale (4 000 exemplaires) sur tout le territoire national, dans les groupes chrétiens accueillant des personnes homosexuelles [18], les groupes et les médias gays et lesbiens susceptibles d'accueillir des membres ou des lecteurs chrétiens [19]. Des annonces ont été publiées dans la presse chrétienne [20] et des affichettes indiquant l'existence de l'enquête et la possibilité de la télécharger sur Internet, ont été déposées dans les églises et également dans les lieux gays du quartier du Marais à Paris.

L'enquête a permis de recueillir les réponses de 311 hommes et de 84 femmes. La très grande majorité des répondants est catholique (89 % catholiques, 6 % luthéro réformés, 5% autre confession chrétienne). La proportion de catholiques reflète celle des chrétiens en France. Par contre, la sous-représentation des femmes peut surprendre lorsqu'on sait que les femmes catholiques sont plus nombreuses à pratiquer [21]. En outre, selon les évaluations statistiques de l'INED [22] le nombre de lesbiennes à se déclarer comme telles (4 % de la population) n'est pas à ce point inférieur au nombre de gays (5 % de la population) [23]. Cette sous-représentation des femmes peut s'expliquer par le mode de recrutement des répondants dans le réseau associatif gay et lesbien. Effectivement ce dernier est connu pour être majoritairement fréquenté par les hommes, excepté pour l'association des parents gays et lesbiens [24]. Toutes les associations d'homosexuels chrétiens contactées ont diffusé le questionnaire accompagné d'un texte incitatif à l'ensemble de leurs adhérents. Si aucun item du questionnaire ne permet de connaître explicitement le moyen par lequel les répondants ont été contactés, toutefois il est probable que ceux qui ont répondu adhérer à une association homosexuelle à référence chrétienne ou non, ont eu connaissance de l'enquête par son intermédiaire. Seuls 116 répondants, soit 29 % de l'échantillon, n'appartiennent à aucune association et ont donc été recrutés en dehors du réseau associatif [25].

L'échantillon constitué par les répondants ne prétend pas représenter la population des homosexuels chrétiens. Dans la mesure où des individus ne mettent pas en avant leur orientation sexuelle, il est difficile voire impossible d'obtenir un échantillon réellement représentatif de cette population « invisible ». Malgré cela, cette étude nationale réalisée à grande échelle permet d'examiner certaines hypothèses à partir de cette population, à savoir des personnes qui s'identifient comme homosexuelles et chrétiennes au point que cette double dimension identitaire soit suffisamment motivante pour répondre à un long questionnaire et pour certaines de ces personnes, qu'elles s'impliquent au sein d'associations regroupant des homosexuels chrétiens.

Les répondants sont âgés de 16 à 70 ans. Plus des 3/4 ont entre 26 et 55 ans et la moyenne d'âge est 42 ans. Ils possèdent un capital scolaire élevé, les deux tiers de l'échantillon ont un diplôme au niveau du master ou du doctorat. Ils sont pour la plupart actifs et détiennent des ressources économiques non négligeables. Ils sont répartis sur tout le territoire et dans des communes de toutes tailles.

Les répondants déclarent être chrétiens croyants et pour nombre d'entre eux pratiquants. Pour 76 %, Dieu est un être proche et pour 80 % c'est un être avec lequel on peut entretenir une relation intime et réciproque. 65 % déclarent prier tous les jours ou plusieurs fois par semaine et lire régulièrement la Bible. 56 % déclarent fréquenter une paroisse et parmi eux, près des 3/4 participent activement à la vie de cette paroisse.

Ces données décrivent une population beaucoup plus pratiquante que la moyenne des Français [26]. Dans un pays où la religion marque un fort déclin, il peut paraître étonnant que les chrétiens homosexuels montrent une telle religiosité. Il est probable que ceux qui ont tourné le dos à la religion ou ceux pour lesquels la religion n'a jamais été essentielle n'ont pas répondu au questionnaire et ce, d'autant plus que la longueur du questionnaire nécessitait un investissement de temps considérable et donc une motivation importante.

171 personnes (44 %) disent ne pas ou ne plus fréquenter d'église. La condamnation de l'homosexualité et le discours des représentants de l'Église sont les raisons invoquées le plus fréquemment (36 personnes, 21 %) et essentiellement par des catholiques. 34 personnes, soit 94 % des 36 ayant avancé cette raison, sont catholiques. L'évitement du lieu de culte est une manière efficace de réduire la tension intérieure entre l'appartenance religieuse catholique et l'identité sexuelle réprouvée. En effet, d'une part la plupart (113 personnes,

67%) disent se sentir aujourd'hui complètement à l'aise avec l'homosexualité et d'autre part, un nombre relativement faible (23 personnes, 13 %) déclarent que leur foi a été affaiblie du fait de leur homosexualité. Seules 3 personnes (2 %) indiquent qu'elles ne fréquentent plus l'église parce qu'elles ont perdu la foi. La deuxième cause de défection, loin derrière la première, est le fait d'entretenir un rapport personnel avec Dieu qui se passe de la médiation de l'église, ou encore le fait de préférer un autre type de communauté de croyants. Ainsi ne pas fréquenter d'église traduit avant tout la possibilité de maintenir intacte leur foi, sans pour autant refouler leur orientation sexuelle, et non un déclin de la foi. Celle-ci s'exprime alors à travers une construction religieuse individuelle.

Seules 20 personnes (5 % de l'échantillon) déclarent avoir trouvé une église plus accueillante ou inclusive, c'est-à-dire une église pratiquant un accueil particulièrement bienveillant des minorités sexuelles. Ce sont des personnes plus jeunes que le reste de l'échantillon (11 personnes sur les 20, soit 55 %, ont moins de 35 ans) qui participent très activement à la vie de l'église (en moyenne plus de 4 heures par semaine). Ils y adhèrent pour réconcilier foi et sexualité et pour militer (faire évoluer la société, l'église et lutter contre l'homophobie). Aucun d'entre eux ne souhaite changer d'orientation sexuelle. Seules 3 personnes (15 %) disent que ce n'est pas l'idéal, toutes les autres déclarent être complètement à l'aise avec leur homosexualité. Parmi ceux qui déclarent avoir trouvé une église plus accueillante, les réponses « cela renforce ma foi chrétienne » (13 des 20 personnes, soit 65 %) ou « ma sexualité est une expression de ma foi » (9 personnes sur les 20, soit 45 %) données à la question « quel est l'impact de votre sexualité sur votre foi chrétienne ? » indiquent une intégration des deux dimensions identitaires homosexuelle et religieuse chez ceux qui ont trouvé une église inclusive.

221 enquêtés déclarent aller à l'église, soit 56 % de l'échantillon. Plus des deux tiers de ceux qui vont à l'église ne se contentent pas d'assister à la messe

dominicale : ils participent à la vie de leur paroisse et lui consacrent beaucoup de temps (en moyenne 3 h 45 par semaine). Ils s'impliquent dans l'organisation d'activités paroissiales [28]. Là aussi, on constate un écart important avec ce qui a été repéré à propos des catholiques pratiquants en France dont 25 % seulement s'impliquent bénévolement au sein d'une organisation religieuse ou paroissiale. Si les enquêtés ne sont que 21 % à qualifier l'église qu'ils fréquentent d'hostile sur le thème de l'homosexualité, ceux qui lui consacrent du temps en dehors de la célébration du culte sont plus nombreux (37 % vs 33 %) à la trouver bienveillante sur ce thème (Tableau 1).

Ces réponses indiquent que l'attitude de la paroisse ne reflète pas le discours officiel de l'Église institution. La paroisse est vécue comme bien plus bienveillante quant à l'homosexualité que les propos tenus par les représentants officiels de l'institution ne le laissent présager. Cette distance entre magistère et pastorale est décrite par Hélène Buisson-Fenet (Buisson-Fenet, 2004) dans son dossier sur l'Église catholique et l'homosexualité masculine en France.

Trois aspects peuvent apporter un éclairage sur la gestion des tensions identitaires des paroissiens homosexuels : leur implication ou non dans la vie de l'église, leur positionnement personnel vis-à-vis de la morale sexuelle édictée par l'église et leur affiliation à l'église malgré la condamnation de l'homosexualité.

La plupart (148 personnes, 67 %) de ceux qui fréquentent l'église ont mal vécu la découverte de leur attirance pour les personnes du même sexe. Pour 90 d'entre eux (41 %), l'homosexualité met au défi leur foi chrétienne. La tension est donc vive pour un nombre non négligeable. Mais ceux qui participent à la vie de leur paroisse sont un peu moins nombreux que ceux qui se contentent d'aller à la messe sans s'impliquer davantage, à avoir mal vécu la découverte de leur homosexualité et à dire (33 % vs 46 %) que celle-ci met au défi leur foi chrétienne (Tableau 2). Ils sont aussi plus nombreux à déclarer qu'elle renforce leur foi (43 % vs 25 %).

Ces résultats indiquent que participer activement à la vie de l'église renforce le maintien de la foi et facilite la gestion des deux dimensions identitaires malgré la condamnation officielle de l'homosexualité.

De fait, participer à la vie de la paroisse permet d'être reconnu en son sein autrement qu'en tant qu'homosexuel. Mais c'est au prix de laisser une partie de soi dans l'ombre. En effet, 40 % des personnes qui fréquentent un lieu de culte n'ont révélé à personne leur homosexualité. Pour 37 %, l'orientation sexuelle est connue partiellement des paroissiens. Elle n'est connue de tous que pour 15 %. Le coming out paraît moins fréquent dans la sphère religieuse qu'ailleurs [29]. Statistiquement, le niveau de visibilité au sein de la paroisse est lié à deux paramètres : la qualification de l'église comme bienveillante ou hostile sur le sujet de l'homosexualité et le niveau de participation à la vie de la paroisse. Ceux qui qualifient leur église de bienveillante et ceux qui participent à la vie de leur paroisse sont en effet significativement plus nombreux (65 % vs 34 %) à ne pas dissimuler leur homosexualité. Participation active au sein de la paroisse et invisibilité sont donc deux stratégies facilitant la gestion du vécu identitaire conflictuel. La participation active gomme les aspects insoutenables des discours officiels au profit d'un sentiment d'appartenance à une communauté de croyants. L'invisibilité quant à elle maintient l'identité sexuelle de la personne dans des espaces et des temps différents de ceux de l'église.

Interdite d'exercer son magistère sur le terrain politique, l'Église a trouvé sur celui des m urs et de la famille le moyen de continuer à contrôler les consciences et les corps. La séparation radicalement établie entre l'ordre de l'esprit et celui de la chair a conduit à une morale universelle dont l'axe principal est un soupçon qui place tout ce qui a trait au commerce des sexes du côté du péché [30]. Le Vatican s'exprime régulièrement pour énoncer la doctrine catholique en matière sexuelle. Ainsi en va-t-il de son refus de l'avortement même en cas de viol ou d'inceste, de la contraception, de toute assistance médicale à la procréation même entre membres d'un couple marié, des relations sexuelles hors mariage ou de l'homosexualité, du divorce [31] et de l'ordination des femmes [32] mais aussi de l'importance du célibat sacerdotal [33].

Même si 91 % des catholiques français pratiquants ont, selon l'enquête CSA [34], une bonne opinion de l'Église catholique, ils n'en sont pas moins critiques sur certains points de la doctrine. Ainsi 63 % des catholiques pratiquants sont favorables à l'ordination des femmes et 69 % au mariage des prêtres. Le discours de l'Église en matière de m urs conjugales, familiales et sexuelles constitue depuis la publication en 1968 de l'encyclique Humanae Vitae qui interdit entre autres toute assistance médicale à la procréation, le lieu où se défait la prise du catholicisme sur la culture de son temps [35].

De manière générale, les chrétiens homosexuels de la présente étude désapprouvent le discours officiel des Églises sur l'homosexualité. Ceux qui vont à l'église sont cependant plus nombreux que ceux qui n'y vont pas, à ne pas désapprouver ce discours et à professer des opinions conformes à la doctrine catholique. Ils sont par exemple plus souvent d'accord qu'une relation sexuelle doit être potentiellement procréative ou que le mariage hétérosexuel est l'idéal de toute vie sexuelle chrétienne. Ils se montrent moins critiques tant de l'exégèse traditionnelle chrétienne de l'homosexualité que de la morale sexuelle de la doctrine catholique sur le divorce, l'avortement ou les relations hétérosexuelles hors mariage.

Une comparaison avec les résultats de l'enquête similaire menée en Grande Bretagne est en cours d'élaboration et fera l'objet d'une publication ultérieure. Toutefois, un premier survol des données montre que les participants français et britanniques sont généralement en désaccord avec les positions officielles des églises sur l'homosexualité mais que l'échantillon britannique l'est davantage que l'échantillon français.

Indépendamment de la fréquentation d'un lieu de culte, pourquoi certains restent-ils affiliés à l'Église alors que les discours officiels condamnent leur orientation sexuelle ? 72 enquêtés (soit 18 % de l'échantillon) ont rédigé une réponse à cette question ouverte. Les réponses dépendent de la signification accordée au mot église. Trois significations sont attribuées à ce mot par les répondants qui passent de l'une à l'autre, parfois au sein d'une même phrase : l'église au sens du lieu de culte (paroisse, temple), l'église au sens métaphorique de « rassemblement des croyants » ou l'Église prise comme l'institution dont émanent la doctrine et les discours officiels. À la question de leur affiliation à l'Église malgré la condamnation de l'homosexualité, certains répondent qu'« elle est l'Église de Jésus-Christ, nous sommes ces enfants » (église rassemblement des croyants), ils espèrent qu'elle évoluera, que malgré ses défauts, c'est elle qui leur a fait découvrir l'amour de Dieu ou qu'ils croient aux valeurs ou à certaines des valeurs de l'Église (Église-institution), pour un certain nombre c'est un lieu où vivre sa foi (église-paroisse) et retrouver une communauté de croyants.

Quelle que soit la signification attribuée, les réponses indiquent que les enquêtés restent donc affiliés à l'église, malgré ce qu'ils peuvent lui reprocher, du fait d'un sentiment d'appartenance qui ne peut se défaire sans peine. L'exigence d'authenticité qui caractérise la modernité peut conduire ceux qui se reconnaissent à la fois comme fervent catholique et comme homosexuels à être confrontés à une dissonance cognitive plus ou moins intense. Il s'agit maintenant au travers des témoignages et des entretiens de mieux cerner la gestion de cette dissonance.

La dissonance est intense pour ceux qui adhèrent à la doctrine (elle condamne leurs pratiques, leur identité sexuelle) mais qui ne participent à la vie d'aucune église. Serge, lors de son entretien, mentionnait : « Quand on appartient au corps du Christ, on ne peut pas avoir des écarts. [...] c'est pour ça que je n'y vais plus. Parfois quand on est seul, ça conduit à des difficultés internes très fortes, tellement fortes que ça conduit au suicide. J'ai pensé au suicide parce que je me suis senti partiellement ou complètement exclu de l'église ».

L'enquête met en évidence quelques-unes des stratégies utilisées pour réduire la dissonance cognitive : la renégociation identitaire, l'évitement, la réinterprétation, l'aménagement personnel de la foi, l'intégration des identités initialement contradictoires.

L'une des stratégies de réduction de la dissonance cognitive consiste à modifier le comportement qui crée la dissonance. En ce qui concerne les chrétiens homosexuels, éliminer le comportement social à la base du conflit peut s'obtenir par une renégociation identitaire : il s'agira soit de se désaffilier ou se désintéresser de l'appartenance religieuse, soit de rejeter l'identité homosexuelle, soit encore de compartimenter, c'est-à-dire de maintenir séparées les deux identités. Comme évoqué précédemment, tous les enquêtés de l'échantillon se vivent comme de fervents chrétiens. Le rejet de l'identité religieuse ne fait pas partie des stratégies auxquelles ils ont eu recours pour atténuer la tension [36].

Réprimer l'homosexualité est l'une des options pour gérer le dilemme identitaire. À la question « parmi les situations suivantes, quelle est celle qui vous conviendrait le mieux ? », un certain nombre ont coché abstinence ou bien mariage hétérosexuel. Ces répondants se retrouvent pour la plupart, parmi ceux qui fréquentent une église traditionnelle et qui sont le moins critiques des positions institutionnelles. Certains luttent même contre leurs penchants homosexuels :

Un enquêté répond à la question « Comment avez-vous géré la situation (après avoir découvert votre homosexualité) ». « Je pense que l'homosexualité est un "vice de forme" de mon identité, comme d'autres naissent avec une jambe de travers ou un déficit mental. Le Christ sauveur du monde nous appelle à dépasser nos handicaps et nos enfermements, et à porter notre croix là où nous sommes, sans nous mentir sur notre condition d'homme soumis au péché mais avec une merveilleuse miséricorde. Dieu est plus grand que mes manques ».

Séparer sa vie sexuelle de sa vie religieuse est une autre manière de gérer la contradiction. Un répondant écrit : « Je sépare ma vie sexuelle de ma vie à l'église. Je n'ai pas besoin des prêtres. Dieu m'aime comme je suis puisqu'il aime tout le monde. J'assume ce que je suis et j'estime qu'homosexualité et religion ne sont pas indissociables ». À la question « Pourquoi restez-vous affilié à l'église ? », un homme d'église homosexuel répond : « C'est le lieu où j'exerce le ministère que j'aime : l'annonce de l'Évangile. Je dissocie ce ministère de ma vie privée ».

Dissimuler son orientation sexuelle lorsqu'on fréquente un lieu de culte est souvent un signe de compartimentation. Ce terme désigne une stratégie de compromis consistant à maintenir séparées les identités en conflit ici, religion et vie homosexuelle.

Quand le niveau de compartimentation est élevé, l'homosexualité n'est connue de personne dans la paroisse fréquentée. Une répondante la question « Quel a été l'impact de votre sexualité sur votre foi ? » : « Je pense que ma foi n'a rien à voir avec ma sexualité... la foi est venue un jour et n'est jamais repartie, la conjuguer avec ma sexualité est une drôle d'idée ! ». Ces personnes ne cherchent pas à concilier la foi et la sexualité parce qu'une telle conciliation viendrait contredire le système de valeurs auxquelles elles adhèrent, mais elles souffrent plus ou moins de cet état de chose.

Jean-Marc : « Il y avait d'un côté le chrétien enthousiaste, de l'autre l'homosexuel qui multipliait les rencontres d'un soir. N'arrivant pas à intégrer ma foi et mon homosexualité, ma sexualité était devenue compulsive. Cette double vie m'est devenue insupportable [37] ».

Serge (entretien) : « Ce paradoxe est toujours très présent. Je n'arrive pas être présent dans un groupe tout en semblant mentir, en étant un peu imposteur et appartenir à ce groupe et en même temps cacher quelque chose dont on sait que si on le révèle, on sera rejeté... [...]. Mais je n'arrive pas non plus à être croyant en dehors de l'église. On ne peut pas être croyant en dehors d'un groupe. En même temps je ne peux aller dans un groupe d'homosexuels qui fait sa foi en prenant des écarts avec l'Église ».

Une autre résolution possible de la tension entre ces deux dimensions identitaires est l'adhésion à une communauté de croyants affichant un point de vue positif sur l'homosexualité. Rodriguez et Ouellette ont trouvé dans leur étude des membres de la Metropolitan Community Church de New-York (MCC/NY), qui est une église particulièrement accueillante pour les homosexuels, premièrement, qu'une majorité de participants avaient réussi à intégrer les deux dimensions chrétienne et sexuelle et deuxièmement, que le niveau d'intégration était lié au niveau d'implication au sein de la MCC/NY (Rodriguez et Ouellette, 2000). Moshe Shokeid, dans son ethnographie de la synagogue gay de New-York, explique que la fréquentation de cette synagogue « était pour nombre de ses membres une restauration de l'image de soi-même, une reconstruction de parties écartelées de soi en un tout cohérent » (Shokeid, 1995).

Dans la présente étude, ceux qui fréquentent une église inclusive, dont l'objectif est clairement la réconciliation entre la foi et la sexualité, ont réalisé cette intégration. Cependant ils sont très peu nombreux. Nous y reviendrons un peu plus loin.

L'évitement, l'activisme pour faire évoluer l'église de l'intérieur, la réinterprétation des textes religieux et l'aménagement d'une religion personnelle sont d'autres manières de réduire la dissonance.

Il s'agit d'éviter de se trouver dans le contexte social qui suscite la dissonance. Quitter l'église permet de ne pas être confronté à la situation sociale qui crée la tension (Yip, 2000). Comme le remarque Andrew Yip, certains chrétiens homosexuels continuent d'être affiliés à l'Église (en tant qu'institution), et ils lui sont fidèles alors même qu'elle n'admet pas que leur homosexualité soit une partie intégrante d'eux-mêmes. D'autres ignorent ou défient les positions officielles de l'Église sans pour autant cesser de fréquenter la paroisse locale. Quitter le christianisme institutionnel ne conduit pas à un processus de dé-spiritualisation. Au contraire, pratiquement tous maintiennent leur identité chrétienne et s'ils se désaffilient de l'église institution ou cessent de fréquenter une paroisse traditionnelle, c'est pour maintenir leur foi chrétienne intacte (Yip, 2000) au sein d'une église « rassemblement de croyants ».

Comme l'évoque Albert Hirschman (1970) dans son étude du marché économique, on peut exprimer son insatisfaction face à une entreprise ou une institution par la défection, la prise de parole critique, ou le choix du silence pour préserver une certaine loyauté. Certains des chrétiens homosexuels qui ont répondu à l'enquête, ont choisi, afin de rester authentiques à eux-mêmes et à leur foi, de cesser de fréquenter l'église ; c'est une sorte de défection. Mais comme l'ont montré Andrew Yip (2000) et Melissa Wilcox (2002), quand les chrétiens homosexuels tournent le dos à l'église, ils n'abandonnent pas nécessairement leurs pratiques religieuses ou leurs croyances, ou leur relation personnelle au divin. Dans son livre sur la religion au Royaume-Uni, Grace Davie (1994) évoque une évolution vers un « croire sans appartenir » (believing without belonging). La question « Pourquoi restez-vous affilié à l'Église ? » explore cette appartenance quand on ne fréquente plus une paroisse. Ceux qui disent être encore affiliés à l'église expriment soit qu'ils ont confiance en l'Église-institution, qu'elle peut évoluer, soit qu'ils restent affiliés à l'église-rassemblement de croyants pour sa fonction fédératrice : « J'y reste affilié parce qu'elle est fédératrice, elle permet aux personnes qui ont la foi de se réunir pour louer Dieu ». Soit encore parce que c'est un héritage culturel auquel on ne renonce pas si facilement et qu'on adhère malgré tout aux valeurs qu'elle propose : « Élevé dans la foi catholique, je reste attaché aux valeurs de justice, d'égalité, d'aide, d'amour au prochain ». Elle est le lieu de la spiritualité : « J'y suis née, c'est elle qui m'a donné l'Évangile ! Alors je ne vais pas cracher dans la soupe ! C'est ma culture religieuse d'origine, ma spiritualité a commencé par cette voie-là ». Ainsi pour ces personnes, ne pas fréquenter une église au sens d'une paroisse, ne signifie pas tourner le dos à l'Église institution ou à l'Église rassemblement de croyants : « Ce n'est pas parce que l'Église ne comprend rien à la sexualité que tout est à jeter ».

En revanche, ceux qui déclarent ne plus être affiliés à l'Église l'ont quitté non parce qu'ils doutent, mais parce qu'ils rejettent l'institution et son ignorance afin de maintenir leur foi intacte.

Thierry, par exemple, écrit : « La vie qui est en moi n'a plus rien à faire dans une église où ça sent trop la mort, où je suis en danger car si on m'enlève Dieu, ma vie cesse de battre et si on m'enlève ma manière d'aimer, où est ce Dieu d'amour ? L'amour brûlant de Dieu en moi me fait quitter cette institution. [...] je suis je me reconstruis, seul avec Dieu [38] ».

Les enquêtés qui ne fréquentent plus l'église n'ont pas perdu la foi et pour certains restent affiliés à l'église-institution. Ils se vivent alors comme loyaux envers l'Église catholique mais sans se confronter à ses positions hostiles. Pour ces chrétiens homosexuels qui ont toujours la foi mais ne vont pas à l'église, on peut parler d'une stratégie d'évitement plutôt que d'une stratégie de défection ou de sortie de la religion : Ils évitent de se mettre dans une situation où ils seraient confrontés à la dissonance.

Certains de ceux qui continuent à fréquenter une église traditionnelle tout en critiquant le discours institutionnel ne dissimulent pas leur orientation sexuelle. Ils sont ouvertement homosexuels et peuvent même être perçus comme « impénitents », « pêcheurs invétérés », et fiers de l'être (Comstock, 1996). Ce sont des personnes dont la visibilité s'apparente à une « prise de parole » pour reprendre les notions introduites par Hirschman. Ils disent volontiers continuer à aller à l'église pour la faire évoluer de l'intérieur.

Répondant à la question « Pourquoi continuez-vous à être affilié à votre église ? » : « Parce qu'on ne peut la faire changer qu'en en étant membre... C'est possible dans la communauté de croyants dans laquelle on vit... C'est plus difficile pour l'Église institutionnelle et nous n'en verrons pas les fruits mais nos actes seront certainement porteurs de changements dans des dizaines d'années ».

L'exemple certainement le plus parlant est celui de Stéphane. Il s'est investi de manière importante dans la vie de sa paroisse et organise régulièrement le défilé la lesbian and gay pride de sa ville, il vit au presbytère, son homosexualité est connue et son investissement associatif LGBT également. Son activisme a été dénoncé à l'évêque.

Stéphane : « J'ai eu droit aux poncifs habituels en plus du fait qu'on ne pouvait servir Dieu à l'autel et à la gay pride ! Cela a été un déclic pour moi, j'ai pris conscience de l'exact contraire ! J'ai tout de même ressenti une profonde exclusion qui ne m'a donné que plus de force et de certitude pour la suite. J'ai pris conscience que ce n'était pas incompatible, voire que c'était complémentaire. Aujourd'hui, je suis toujours au presbytère et plus que jamais impliqué ! ».

Une troisième stratégie, mentionnée dans un certain nombre d'études sur l'homosexualité et la religion, est la réinterprétation les textes de manière à réduire la dissonance. Scott Thumma par exemple, dans son étude concernant des homosexuels évangélistes, note que le réaménagement des connaissances exégétiques atténue la dissonance éprouvée (Thumma, 1991). De même, dans l'étude de K. Mahaffy (1996), la réinterprétation des savoirs religieux permettait de ne pas abandonner l'église tout en réduisant la dissonance. Les moyens spécifiques mis en uvre pour modifier sa propre conception de la religion sont les suivants :

- Réinterpréter les versets problématiques de la Bible de manière à ce que l'homosexualité ne soit plus une transgression dont il faut se sentir coupable mais une sexualité créée par Dieu. Une telle interprétation réduit la condamnation biblique en remettant en cause sa pertinence dans un monde moderne. Une exégèse élaborée de ces passages peut montrer par exemple que les mots grecs traduits par « homosexuel » ne correspondent pas à ce qu'on entend par ce terme aujourd'hui ou qu'il se réfèrent à la pédérastie ou au viol.

- Insister sur les principes évangéliques, tels que l'amour et l'acceptation de toutes les personnes pour contrer l'hostilité de l'Église envers les homosexuels.

- Mettre l'accent sur Dieu en tant que créateur, ce qui permet de considérer les gays et les lesbiennes comme des créatures de Dieu. Il n'exclut personne de son amour et donc aime les gays et les lesbiennes qui sont ses enfants. Toutes les sexualités étant créées par Dieu ; les personnes LGBT sont également des créatures de Dieu. Il n'y a alors plus besoin de guérir une personne de ses tendances homosexuelles (Thumma, 1991, p. 340-341).

Les chrétiens homosexuels de cette étude gèrent la coexistence de leur foi, leur besoin d'appartenir à une communauté de croyants et leur homosexualité différemment selon qu'ils participent ou non à une église traditionnelle et selon la distance prise ou non vis-à-vis de la doctrine de l'église. Cette mise à distance peut s'exprimer soit par une réinterprétation des textes bibliques « les actes interdits n'ont rien à voir avec l'amour que je porte à mon partenaire » ou leur recontextualisation « les textes viennent d'une autre époque », soit par une réappropriation des principes évangéliques « Dieu m'aime comme je suis » voire, « je suis moi-même un témoignage de la volonté de Dieu ».

La plupart de ceux qui critiquent le discours institutionnel continuent de croire ou/et de fréquenter un lieu de culte. La mise à distance s'effectue dans une capacité à filtrer les textes religieux et à se construire une religiosité individuelle. Celle-ci peut aussi s'exprimer dans une vie spirituelle sans communalisation avec le risque de l'isolement, mais la rencontre avec une association de chrétiens homosexuels ou une église inclusive peut aboutir à la construction d'une religiosité partagée.

Un répondant explique « Je me suis engagé sur la voie minoritaire du mouvement gay chrétien et j'ai quitté l'église traditionnelle pour une église nouvelle, alternative et inclusive ». Un autre répondant écrit : « Je continue de pratiquer dans ma confession chrétienne parce que c'est là où j'ai découvert Dieu la première fois mais je ne reste pas fixée sur elle ayant découvert une autre Église plus libérale et inclusive qui accepte ma condition d'homo ».

Un certain nombre de chrétiens homosexuels ne désertent pas les églises traditionnelles soit que leur loyauté les empêche de chercher ailleurs dans un contexte culturel où la religion catholique est fortement légitimée, soit que finalement l'accueil qu'ils y trouvent leur convient. Il se peut en effet, que les homosexuels dans les églises traditionnelles soient mieux accueillis que le discours de l'église institution ne le laisse présager. Hélène Buisson Fenet (2004, p. 72) montre en particulier comment une marge de man uvre est laissée à l'action pastorale face aux énoncés prescriptifs du magistère de manière à garantir l'institution religieuse contre le risque qu'elle se marginalise face à des groupes qui pourraient se transformer en églises de substitution. Toujours est-il que peu de chrétiens homosexuels se tournent vers les églises inclusives (seulement 20 sur les 395 enquêtés) par comparaison avec ceux qui continuent de fréquenter une église traditionnelle.

En France, il n'y a pas ou prou de travaux consacrés aux catholiques homosexuels se tournant vers une église inclusive. Quelques travaux [39] francophones se sont consacrés aux débats concernant les bénédictions d'union ou l'ordination de pasteurs homosexuels dans les églises protestantes. Seul Jean Vilbas s'est penché sur les communautés inclusives [40]. En revanche, de nombreux témoignages ont vu le jour [41] et des blogs fleurissent quotidiennement sur internet [42].

Selon la typologie utilisée par Jean Vilbas, les diverses communautés ecclésiales dans lesquelles les personnes homosexuelles ont pu trouver un accueil explicite se répartissent en quatre catégories : les paroisses inclusives des dénominations traditionnelles, les groupes affinitaires, les communautés célébrantes occasionnelles et les nouvelles églises liées à la communauté LGBT [43]. Les paroisses inclusives existent principalement aux États-Unis. Ce sont des communautés locales qui développent dans le contexte de leur tradition particulière et parfois dans une relation conflictuelle avec les institutions de leur dénomination, un message et une pratique inclusifs. Il n'existe pas de telle église locale pour le catholicisme romain car la distinction institutionnel/confessionnel n'y est pas soutenable. Il existe une paroisse protestante française officiellement inclusive, l'Église réformée de la Rencontre [44] à Paris.

Les groupes affinitaires rassemblent des personnes selon une communion d'intérêt centrée sur une caractéristique particulière. Les groupes de chrétiens homosexuels se situent en réponse aux discours des églises, leur existence même affirme qu'il est possible d'être chrétien et homosexuel. Le public spécifique de ces groupes est constitué de ceux qui revendiquent une double identité à la fois chrétienne et homosexuelle. La manière d'articuler les deux réalités, voire de les hiérarchiser, peut varier d'une personne à l'autre et les divers groupes affinitaires représentent des sensibilités différentes. C'est ainsi que David et Jonathan en France est un groupe de gays et de lesbiennes chrétiens tandis que Devenir Un en Christ propose un accueil chrétien aux homosexuels. Pour le premier groupe, les deux dimensions identitaires sont également importantes. Le second met l'accent sur l'accueil chrétien. Une partie de la communication de ces groupes repose sur le fait de ne pas être une église gay bien qu'ils tiennent lieu d'église pour nombre de personnes homosexuelles dont ils constituent l'unique socialisation religieuse.

Les communautés célébrantes occasionnelles rassemblent de manière informelle des hommes et des femmes que leur référence à la foi chrétienne fait tenir ensemble, sans pour autant les contraindre. Certaines de ces communautés centrées sur la célébration sont spécifiquement destinées aux personnes homosexuelles. Les modes de regroupement sont souvent en lien avec le monde internaute.

Ce que nous désignons ici par églises inclusives correspond à la quatrième catégorie évoquée par Jean Vilbas, celle des dénominations de substitution. Certains ont choisi de se séparer des institutions pour vivre leur foi en toute liberté, c'est ainsi que sont nées des églises indépendantes, parfois répliques des Églises traditionnelles. Ces églises ressemblent aux paroisses inclusives si ce n'est une plus forte représentation voire une quasi exclusivité de la population homosexuelle. La plus structurée de ces communautés indépendantes est évangélique. Il s'agit de l'Universal Fellowship of Metropolitan Community Churches (UFMCC) parfois désignées par l'expression Gay Churches. En France, le Centre du Christ Libérateur a rejoint cette dénomination de 1992 à 1997. L'église œcuménique MCC de Montpellier en fait partie [45]. Le monde des Églises catholiques indépendantes est difficile à cerner et il n'est pas évident d'y déceler une église inclusive. Les églises inclusives dont nous parlons ici ne cherchent pas à demeurer dans le dialogue avec l'Église officielle contrairement aux deux associations de chrétiens homosexuels les plus importantes, David et Jonathan et Devenir un en Christ. Les églises inclusives célèbrent l'Eucharistie, elles concurrencent de ce fait l'Église institutionnelle et constituent des églises indépendantes. Se tourner vers une église inclusive en France s'apparente donc à un parcours de conversion dans lequel on quitte une appartenance antérieure pour adhérer à une nouvelle communalisation.

Pour Scott Thumma, fréquenter une église inclusive n'est pas un changement dramatique, c'est une alternative issue d'une tradition religieuse (Thumma, 1991, p.334). Les églises gays aux États-Unis ne sont pas, selon David Comstock, une version diluée de la religion instituée (Comstock, 1996) ; elles tentent d'être « aussi réelles ou même meilleures ». En France, cette sorte d'alternative à l'Église catholique n'existe pas. Se tourner vers une église inclusive n'est pas anodin. Parmi les 20 répondants qui avaient opté pour une telle église, il y a significativement moins de catholiques (30 %) que dans le reste de l'échantillon (89 %). Adhérer à une telle église s'apparente à un processus de conversion vers une autre forme de religion (le christianisme inclusif en quelque sorte) et c'est encore plus vrai pour les catholiques.

Les témoignages rédigés par les membres d'églises inclusives viennent confirmer l'hypothèse d'un vécu du type conversion. Les récits, en effet, font part de différents moments qui sont toujours plus ou moins présents dans tout récit de conversion (Hervieu-Léger, 1999) : le chaos, la rupture, la remise en sens, enfin la transmission de la bonne parole.

Scott Thumma (1991, p. 335) écrit que la dissonance cognitive devient une motivation puissante lorsque l'incohérence interne est perçue comme intolérable. Cette incohérence forme une partie du premier moment : le chaos. Théophile le décrit bien dans son témoignage :

Cela fut un choc pour moi. En même temps que je recevais la foi et que je découvrais le Seigneur, je réalisais que j'étais attiré par les hommes. J'ai eu très peur et j'ai décidé de lutter contre ce penchant homosexuel. J'ai donc prié. J'ai prié pour que Dieu supprime mes mauvais désirs. J'ai tant prié pour qu'Il me délivre de ces mauvaises pensées qui m'oppressaient. J'ai donc complètement refoulé mes sentiments. J'ai beaucoup souffert. Je voulais me suicider, en finir parce que cela n'avait pas d'issue. J'étais très mal dans ma peau. Extérieurement, j'étais très croyant et très pratiquant. [...] Mais à l'intérieur j'étais proche du précipice. Au lieu de disparaître, mes sentiments et mes désirs homosexuels sont devenus plus intenses. Je me refoulais de plus en plus à mesure que mes désirs homosexuels gagnaient en puissance. Cette lutte m'épuisait psychiquement. Je ne comprenais pas pourquoi Dieu n'écoutait pas mes prières, pourquoi j'étais homosexuel, pourquoi j'étais comme cela. Dieu voulait-il que toute ma vie ne soit que souffrance [46] ?

L'histoire de Théophile illustre aussi le deuxième moment de la conversion, la rupture :

À Paris, j'ai eu deux copains. En parallèle, je fréquentais une église protestante évangélique. Bien sûr, il était interdit d'être homosexuel dans cette église. C'était un péché. Je me suis senti très mal. En effet, je devais tout le temps me cacher dans cette église et j'éprouvais un profond malaise car j'avais toujours le sentiment d'être hypocrite par rapport aux autres. Je me demandais si j'allais devoir renoncer à mes sentiments homosexuels pendant toute ma vie pour rester dans une église. Je voyais déjà mon avenir tout tracé : être chaste et vivre célibataire toute sa vie. Je me suis donc dit qu'il devait y avoir autre chose. J'ai recherché des informations sur le thème « homosexualité et christianisme » sur internet. J'ai beaucoup cherché. Et j'ai trouvé. Je suis tombé sur une fédération d'églises ouvertes aux personnes homosexuelles (UFMCC), de tendance protestante [47].

Dans toute démarche de conversion, le deuxième moment implique de dénigrer ses croyances et ses pratiques précédentes. Les chrétiens homosexuels accomplissent cette étape en réduisant la condamnation contenue dans certains passages bibliques spécifiques, en remettant en question la pertinence de ces passages à l'époque contemporaine, en soulignant les attitudes évangéliques d'amour et d'acceptation de tous. Ils élaborent de nouvelles significations : « Puisque c'est la volonté de Dieu que nous soyons à la fois homosexuel et chrétien, il n'y a rien d'autre à faire que de suivre les plans divins ». Les citations suivantes illustrent cette étape :

Sur Internet j'ai trouvé des textes chrétiens qui parlaient de l'homosexualité dans des termes tout à fait nouveaux ! Ce n'était plus la condamnation, mais l'Amour qui primait. Dieu nous aime tel que nous sommes d'un amour infini. Ce qui est condamné dans la Bible, ce n'est pas l'homosexualité globalement et en tant que tel, mais la débauche et la violence sexuelle, qui peuvent être aussi bien le fait de personnes hétérosexuelles qu'homosexuelles. Mais la Bible ne condamne en aucun cas une relation d'amour qui unit deux êtres !! J'ai donc rencontré des chrétiens qui vivaient leur homosexualité !!! Pour moi, ce fut la preuve qu'on peut être chrétien et homosexuel, et non plus soit l'un, soit l'autre. Quelle délivrance !!! Dieu m'avait mis sur la voie de personnes qui avaient son Esprit et qui vivaient leur homosexualité !!

Voilà comment je suis arrivé à concilier homosexualité et foi chrétienne : J'ai pris mes distances par rapport au discours officiel des églises traditionnelles qui condamnent l'homosexualité.

J'ai lu les écritures et j'ai changé mon approche du texte biblique. J'ai essayé de comprendre ce qui est essentiel dans le message de l'Évangile, en l'occurrence il s'agit de l'Amour, et non de la fidélité rigide et intolérante à une prétendue « vraie doctrine ».

J'ai rencontré d'autres homosexuels chrétiens qui vivent véritablement leur foi et leur homosexualité.

J'ai trouvé des églises ouvertes aux personnes homosexuelles.

Toute démarche de conversion nécessite de s'émanciper de l'ancienne appartenance, c'est-à-dire ici du rapport de soumission à une institution vécue comme seule légitime à représenter l'ensemble des chrétiens. Tous ne sont donc pas prêts à envisager un tel parcours et ne se détournent pas des églises traditionnelles. L'avant-dernière étape, étape de remise en sens, qu'elle soit de réinterprétation des textes ou de réappropriation des principes évangéliques au service de l'intégration des dimensions identitaires de la personne, aboutit à la construction d'une religiosité à la fois individuelle et partagée. Individuelle parce que c'est chacun qui trouve en soi les matériaux de cette reconstruction. Commune parce que le regroupement au sein d'une communauté de croyants (église ou association) consolide et légitime, par le partage de pratiques rituelles avec d'autres comme soi, cette intégration nouvelle des deux identités autrefois contraires. Fréquenter une église inclusive est une manière de transformer la religion en une ressource personnelle utilisée pour se construire. Certaines « pratiques et attitudes chrétiennes » sont ainsi assemblées en une identité chrétienne qui peut intégrer la dimension identitaire homosexuelle. On peut sans doute rapprocher ces églises inclusives des sectes, au sens de Max Weber (1991) et Ernst Troeltsch (1992) : un groupement volontaire de croyants dans lequel on entre après une conversion personnelle, groupement opposé à l'Église, communauté naturelle au sein de laquelle on naît.

Deux hypothèses peuvent expliquer le petit nombre de catholiques homosexuels de cette étude, qui se sont tournés vers une église inclusive. Premièrement, la dissonance entre les identités fonctionne comme motivation que si cette dissonance est perçue comme problématique (Thumma, 1991, p.335). Or, on l'a vu certains catholiques s'accommodent, par l'évitement, la compartimentation ou grâce à l'accueil pastoral bienveillant de la paroisse fréquentée, de la tension entre leurs identités. La deuxième hypothèse est liée au contexte spécifique français. Du fait du contexte culturel français d'imprégnation catholique, le pluralisme des églises n'est pas encouragé comme dans les pays anglo-saxons à dominante protestante. L'église catholique est vécue comme LE lieu légitime de rassemblement des croyants. Il est difficile de ce fait, aux autres églises de trouver un public qui doit renoncer à son héritage culturel et religieux pour suivre une trajectoire semblable à un parcours de conversion. Tout le monde n'est pas prêt à ce cheminement qui implique de tourner le dos à une appartenance antérieure.

Au-delà de la fréquentation ou de la non fréquentation d'une communauté de croyants, pour chacun se construit une religion personnelle qui permet de concilier foi et pratiques homosexuelles avec une éventuelle mise à distance de l'appartenance initiale. Pour certains homosexuels, cet individualisme religieux conduit à maintenir un lien avec une église traditionnelle ou à trouver une église accueillante, pour d'autres la construction d'une religiosité personnelle se passera de la communauté ou poussera à se tourner vers des associations de chrétiens homosexuels ou des églises inclusives. Yves Lambert (2003), montre que les français ont adopté majoritairement une « religion à la carte ». Ce déplacement sociétal vers un individualisme religieux peut faciliter les efforts des chrétiens homosexuels pour rendre cohérentes leurs identités sexuelle et religieuse.

Si la modernité se traduit par la transformation des identités religieuses en identité privée et par l'accent mis sur l'affirmation de l'autonomie du sujet, ceci n'implique pas que ce dernier puisse faire l'économie d'un partage collectif du sens. Comme le souligne Danièle Hervieu-Léger (2001) le mouvement d'individualisation de la modernité ne contredit nullement la recherche d'une communauté de la part d'individus en quête de validation de leur expérience spirituelle « bricolée ».

Pour gérer la contradiction entre deux dimensions identitaires en conflit, certains choisissent de ne plus fréquenter de lieux de cultes. Ceux qui font ce choix de déserter l'église n'abandonnent pas pour autant toute pratique. Ceux qui fréquentent une église sont nombreux à subir la condamnation pour ne pas renoncer à une appartenance qui les construit aussi. Fréquenter une église non connue pour son ouverture aux minorités sexuelles ne signifie pas nécessairement absence d'esprit critique vis-à-vis du discours officiel. Les répondants qui fréquentent une église, se répartissent sur un continuum qui va depuis l'adhésion au discours officiel avec un effort pour mettre à distance les tendances homosexuelles jugées « désordonnées », jusqu'à la revendication identitaire et la prise de parole militante, cherchant à faire évoluer l'église de l'intérieur, en passant par l'implication et la participation au sein d'une paroisse en dissimulant ou non l'homosexualité.

À l'obligation d'être soi, caractéristique de l'ultra-modernité, s'ajoute la valorisation de la sincérité et l'exigence d'authenticité. La dissimulation de l'homosexualité peut s'accompagner de beaucoup de souffrance liée au sentiment de culpabilité du non seulement à une sexualité transgressive mais aussi au défaut d'authenticité. Ceci peut conduire à une très sévère compartimentation.

Un résultat intéressant de cette étude concerne la loyauté que montrent les répondants envers l'Église catholique. Nombreux sont ceux qui fréquentent une église traditionnelle et donnent de leur temps et de leur énergie pour les activités de la paroisse. Tous ne compartimentent pas leur identité homosexuelle et religieuse ; certains ne perçoivent pas leur paroisse comme aussi hostile par rapport à l'homosexualité que peuvent l'être les positions officielles de l'Église catholique. Le conflit semble trouver une résolution par la représentation de l'Église comme elle-même compartimentée. Doctrine de l'Église catholique et pratiques pastorales deviennent deux entités distinctes dans des compartiments étanches. La loyauté des gays et des lesbiennes chrétiens envers leur église et les stratégies dont ils usent pour exprimer cette loyauté, peuvent probablement être rapportées à la légitimité du Catholicisme dans le contexte culturel français et à la structure hégémonique du catholicisme comme un tout. Il n'y a pas de dénominations pluralistes dans la religion catholique, elle est une. De sorte que changer pour une église plus accueillante est vécu comme une rupture plus dramatique que dans les pays où le « marché religieux » est diversifié.

Il est peu de dire que parmi les catholiques, les questions liées au genre suscitent des débats animés. Qu'en dit l'Église catholique ? Si elle insiste sur la non-dissociation du sexe et du genre, et interroge l'engendrement, elle plaide aussi pour un diagnostic de notre société. Face à l'explosion des demandes chez les jeunes pour changer de genre, il y a lieu en effet d'explorer ce nouveau vertige éthique. Changement de sexe et de genre... que dit l'Église catholique ?

Il est peu de dire que parmi les catholiques, le genre suscite des débats animés. Mais que dit l'Église catholique ? Si elle insiste sur la non-dissociation du sexe et du genre, et s'interroge sur l'engendrement, elle plaide aussi pour un diagnostic de notre société. "C'est différent d'accompagner une personne dans sa singularité, explique le Père Bruno Saintôt, jésuite, et de s'interroger ensemble, si possible sans violence, sur ce qui nous arrive collectivement. Quand il y a une grande convergence et une explosion des demandes, on peut se dire : pourquoi cela arrive maintenant ?"

L'Église prône avant tout le mystère de la personne, rappelle Bruno Saintôt. Aux yeux du jésuite, ce qu'il appelle un "resserrement des identités" ne paraît "pas chrétien". Selon lui, "un ensemble de caractéristiques n'a jamais défini ce qu'est une personne dans son mystère". Par ailleurs, les chrétiens croient que les êtres humains sont "à l'image d'un Dieu qui est mystère". "C'est un bien fait de ne pas pouvoir définir qui nous sommes précisément !"

Identité : le paradoxe des nouvelles catégories de genre

Aujourd'hui, sur certains sites internet, comme des sites de rencontre, il est possible de cocher des cases pour se définir : on recense plus de 50 catégories de genres différentes. Un véritable "vertige de l'identité" qu'observe le jésuite Bruno Saintôt.

Avec un paradoxe : à la fois on se refuse à être catégorisé, à la fois on décline "une multitude d'identifications". "Qu'est-ce que ça veut dire de vouloir sortir des catégories qui sont données et d'en créer d'autres, finalement à l'infini ?" demande Bruno Saintôt. Chacun pourrait être tenté finalement de "revendiquer sa singularité comme un genre particulier…"

Au-delà du genre, un resserrement sur les identités

Il y a chez les adolescents une volonté de "prouver qu'on est libre en refusant un système ancien", analyse Bruno Saintôt. Par le biais d'internet, "les influences sont de plus en plus fortes chez les adolescents" qui se trouvent "imprégnés de discours qui en fait les imprègnent".

Il est donc nécessaire de "favoriser la pensée critique" chez ces jeunes, conseille le jésuite. De les encourager à "s'interroger sur l'être". "Qu'est-ce qui fait qu'un être tient ? avec qui ? a-t-il de la consistance en lui-même ?" On peut aussi encourager "une forme de spiritualité, c'est-à-dire d'intériorité", dans le but de "fortifier l'être intérieur".

Au-delà des questions sur le genre, il y a dans notre société un resserrement sur les identités, regrette Bruno Saintôt. Aussi, que l'on se dise traditionnaliste ou progressiste, de plus en plus de personnes se trouvent "tenues par des courants sociaux et politiques, qui en fait définissent leur propre identité".

Identité de genre ou de sexe : le corps en question

Pour en revenir au genre et au changement de sexe, la question sous-jacente est : "Est-ce que le corps a encore une signification ?", s'inquiète Bruno Saintôt. "Depuis les années 70, il y a un courant qui prétend faire disparaître la signification du corps : à la fois il ne dit plus rien, il ne signifie plus rien et ne fait pas de lien." Le corps réduit à "un instrument".

Sans céder à la panique du transhumanisme, il faut "être éveillé" sur ces questions. Il peut y avoir "des utopies technologiques" à l'œuvre derrière les discours, avance le prêtre. Comme celle de l'utérus artificiel, qui pose un certain nombre de questions.

"La non-dissociation entre le corps et l'esprit, entre le corps et l'âme ou le corps et la volonté, me paraît être un critère essentiel", rappelle Bruno Saintôt. Essentiel aussi, le débat. "Pouvoir avancer des arguments contraires à une forme de doxa, ce n'est pas forcément qu'on est phobe quelque chose", prévient le jésuite. Il insiste sur "la fragilité" de certains adolescents perméables à certains discours et qui "ont besoin d'être protégés".

Les personnes transsexuelles peuvent recevoir le baptême

Un document du dicastère pour la Doctrine de la foi signé par le préfet Mgr Victor Manuel Fernandéz et approuvé par le Pape lors de l'audience du 31 octobre exprime un avis positif "s'il n'y a pas de scandale parmi les fidèles". Rien ne s'oppose à ce qu'elles soient témoins d'un mariage. Oui au baptême des enfants de couples homosexuels même s'ils sont nés d'une gestation pour autrui.

Vatican News

Les personnes transsexuelles, même si elles ont subi un traitement hormonal ou une chirurgie de réassignation sexuelle, peuvent recevoir le baptême «s'il n'y a pas de situations dans lesquelles il existe un risque de scandale public ou de désorientation des fidèles». Les enfants de couples homosexuels peuvent recevoir le baptême même s'ils sont nés d'une mère porteuse, à condition qu'il y ait un espoir fondé qu'ils soient éduqués dans la foi catholique. C'est ce qu'affirme le dicastère pour la Doctrine de la foi dans une note signée par le préfet Victor Manuel Fernandéz, approuvée par le Pape le 31 octobre.

Les questions d'un évêque brésilien

En juillet dernier, Mgr José Negri, évêque de Santo Amaro au Brésil, avait demandé des éclaircissements sur la possible participation aux sacrements du baptême et du mariage des personnes transsexuelles et homosexuelles. Les réponses « reproposent, en substance, le contenu fondamental de ce qui a déjà été affirmé dans le passé à ce sujet par ce dicastère ».

En ce qui concerne le baptême d'une personne transsexuelle, la réponse est oui, à condition qu'il n'y ait pas de scandale. Et ce, qu'il s'agisse d'un adulte, d'un enfant ou d'un adolescent, « s'il est bien préparé et disposé ». Le dicastère pour la Doctrine de la foi, face à des doutes « sur la situation morale objective dans laquelle se trouve une personne », ou sur « ses dispositions subjectives à la grâce » (et donc aussi lorsque l'intention de s'amender n'apparaît pas pleinement), propose certaines considérations. L'Église enseigne que, lorsque le sacrement du baptême « est reçu sans repentir pour des péchés graves, le sujet ne reçoit pas la grâce sanctifiante, bien qu'il reçoive le caractère sacramentel », qui est indélébile, comme il est écrit dans le Catéchisme, et « demeure pour toujours dans le chrétien comme une disposition positive à l'égard de la grâce ». À travers des citations de saint Thomas et de saint Augustin, le dicastère rappelle que le Christ continue de chercher le pécheur et que, lorsque vient le repentir, le caractère sacramentel reçu dispose immédiatement à recevoir la grâce. C'est pourquoi le Pape François a répété à plusieurs reprises que l'Église n'est pas une douane et que, notamment en ce qui concerne le baptême, la porte ne doit être fermée à personne.

Il est en revanche plus difficile pour une personne transsexuelle d'être parrain ou marraine de baptême.

« Sous certaines conditions, cela peut être autorisé », lit-on dans le document, mais il est rappelé que cette tâche ne constitue pas un droit et que, par conséquent, «la prudence pastorale exige qu'elle ne soit pas autorisée s'il existe un risque de scandale, de légitimation indue ou de désorientation dans la sphère éducative de la communauté ecclésiale ». Il n'y a pas d'obstacle à ce que la personne transsexuelle soit témoin d'un mariage car rien ne l'interdit dans la « législation canonique universelle actuelle ».

Les enfants de couples homosexuels

Une deuxième partie de la note concerne les personnes homo-affectives. Peuvent-elles apparaitre comme parents d'un enfant à baptiser, même s'il a été adopté ou obtenu par « d'autres méthodes comme la gestation pour autrui » ? Oui, répond le dicastère, avec une précision : pour que « l'enfant soit baptisé, il faut qu'il y ait l'espoir fondé qu'il sera élevé dans la religion catholique ».

Vient ensuite le cas d'une personne homo-affective et cohabitante qui demande à être parrain ou marraine d'une personne à baptiser. Dans ce cas, il est demandé à la personne homosexuelle de mener « une vie conforme à la foi et à la charge qu'il assume ». « Il en va différemment, explique le document, lorsque la cohabitation de deux personnes homosexuelles consiste en une relation stable et déclarée 'more uxorio', bien connue de la communauté ». Le dicastère pour la Doctrine de la foi invite à procéder avec prudence afin de « sauvegarder le sacrement du baptême et surtout sa réception, qui est un bien précieux à protéger, puisqu'il est nécessaire au salut ». Mais il rappelle qu'il faut « considérer la valeur réelle que la communauté ecclésiale confère aux devoirs du parrain et de la marraine, le rôle qu'ils jouent dans la communauté et la considération qu'ils manifestent à l'égard de l'enseignement de l'Église ». Enfin, il est suggéré « qu'une autre personne du cercle familial puisse se porter garante de la bonne transmission de la foi catholique au baptisé ».

Enfin, rien n'empêche « une personne homo-affective et cohabitante » d'être témoin de mariage.

Les personnes LGBTQIA + dans les Églises

LGBTQIA+ : derrière ce sigle à rallonge, beaucoup de sensibilités réunies ! Pour aborder le sujet de l'homophobie, François Choquet s'arrête sur quelques priorités concernant l'un ou l'autre groupe.

On s'en souvient, le synode de Sète, en 2015, a ouvert « la possibilité, pour celles et ceux qui y voient une juste façon de témoigner de l'Évangile, de pratiquer une bénédiction liturgique des couples mariés de même sexe qui veulent placer leur alliance devant Dieu ». Dès lors, il serait tentant de considérer que la question de l'accueil des personnes LGBTQIA+ est réglée au sein de l'Église protestante unie de France. Depuis la Belgique d'où je vous écris, j'aimerais prendre le temps de rendre grâce pour le chemin qui a conduit votre Église à faire ce choix. L'Église protestante unie de Belgique a ouvert cette même possibilité en 2009. En tant que personne homosexuelle, il n'est pas anodin pour moi qu'une Église prenne le risque de l'inclusion.

Ces précisions apportées… ne nous emballons pas ! Car si la bénédiction des couples mariés de même sexe a une portée symbolique importante, elle ne répond pas aux aspirations de toutes les personnes LGBTQIA+.

Les moins écoutées

Bien sûr, il y a les personnes homosexuelles qui vivent dans la solitude, choisie ou subie, pour qui le mariage n'est pas à l'ordre du jour. Mais je pense surtout ici à celles qui sont sans doute les plus méconnues ou les moins écoutées.

Des personnes bisexuelles, on a tendance à dire qu'elles sont indécises ou instables. Même au sein des mouvements militants, les personnes « bi » sont mises sur la touche car vues comme « à moitié hétéros » (un comble !). Et dans le reste de la société, on a souvent tendance à ne voir les personnes bisexuelles qu'en fonction de la personne avec laquelle elles sortent/vivent… et donc à les ranger de facto dans la catégorie « hétéro » ou « homo ».

Pour les personnes transgenres, un geste symbolique est parfois le bienvenu. Nous confessons que le baptême est permanent et que la personne reste la même, quelle que soit la transition qu'elle peut vivre. Mais je connais des personnes trans qui se sont senties encouragées sur leur chemin de foi par un temps de prière à l'occasion de leur changement d'état civil, par exemple. « Bénissez, car c'est à cela que vous avez été appelés, afin d'hériter la bénédiction » (1 Pierre 3.9).

Des enfants parfaits

Les personnes intersexes, on n'en parle jamais, ou presque. Pourtant, les mutilations que subissent les enfants intersexes à la naissance sont dénoncées par Amnesty, qui parle d'opérations « souvent invasives, irréversibles et dénuées de caractère d'urgence ». Il est temps que les institutions chrétiennes clament que les enfants naissent parfaits !

D'une manière plus générale, la théologie queer met en lumière et analyse ce qui, dans les Écritures, trouble notre vision dichotomique de l'humain. Encore embryonnaire dans l'espace francophone, cette théologie peut nous encourager à un rapport apaisé avec les notions de genre, de sexe et de désir. En refusant de prendre nos certitudes pour des idoles, en convertissant nos regards sur celles et ceux qui nous troublent, en acceptant de nous taire pour écouter les autres et l'Autre, j'ai la conviction que nous rendrons un juste témoignage à l'Évangile.

En savoir plus

Derrière les majuscules

Le sigle LGBTQIA+ est une tentative pour désigner en un même geste verbal les orientations sexuelles et identités de genre marginalisées.

- L pour lesbienne : une femme qui éprouve une attraction romantique et/ou sexuelle pour les femmes ;

- G pour gay : un homme qui éprouve une attraction romantique et/ou sexuelle pour les hommes ;

- B pour bisexuel : une personne qui éprouve une attraction romantique et/ou sexuelle pour les deux genres ;

- T pour transgenre ou trans : une personne qui ne se sent et/ou ne se vit pas en adéquation avec le genre qui lui a été assigné à la naissance ;

- Q pour queer : l'adjectif queer est utilisé par des personnes ne se conformant pas, d'une manière ou d'une autre, au régime binaire de la différence sexuelle ;

- I pour intersexe : les personnes intersexes présentent des caractéristiques sexuelles primaires ou secondaires des deux genres. 1,7 % des enfants naîtraient intersexes ;

- A pour asexuel/le : une personne asexuelle est une personne qui «?ne ressent pas (ou ressent peu) d'attirance sexuelle pour qui que ce soit » ;

- + pour toutes et tous les autres !

François Choquet, pasteur de l'Église protestante unie de Belgique, membre du Carrefour des chrétien/nes inclusifs/ves

Table des matières

More
Books!

info@omniscriptum.com
www.omniscriptum.com
OMNIScriptum

Printed by Books on Demand GmbH, Norderstedt / Germany